Les Ordonnances

FAICTES ET PUBLIÉES A SON DE TROMPE
PAR LES CARREFOURS DE CESTE

VILLE DE PARIS

pour éviter le dangier de

PESTE 1531

PRÉCÉDÉES D'UNE

ÉTUDE SUR LES ÉPIDÉMIES PARISIENNES

PAR LE

Dr ACHILLE CHEREAU

PARIS

LIBRAIRIE LÉON WILLEM

7, RUE PERRONET, 7

—

1873

COLLECTION DE DOCUMENTS

rares ou inédits

RELATIFS A L'HISTOIRE DE PARIS

LES ORDONNANCES

pour eviter

LE DANGIER DE PESTE

Année 1531.

TIRÉ A 350 EXEMPLAIRES

TOUS NUMÉROTÉS

325 sur papier vergé des Vosges.

22 — chine véritable.

3 sur parchemin.

_____

N° 258

Les Ordonnances

FAICTES ET PUBLIÉES A SON DE TROMPE
PAR LES CARREFOURS DE CESTE

VILLE DE PARIS

pour éviter le dangier de

PESTE 1531

PRÉCÉDÉES D'UNE

ÉTUDE SUR LES ÉPIDEMIES PARISIENNES

PAR LE

Dr ACHILLE CHEREAU

PARIS

LIBRAIRIE LÉON WILLEM

7, RUE PERRONET, 7,

1873

INTRODUCTION.

O UE la maladie appelée *lèpre* soit ou non originaire des bords du Nil, il n'en est pas moins vrai que dès le vi[e] siècle elle faisait des ravages dans les Gaules (1), et que, plus tard, aux xie, xiie et xiiie siècles, les croisades amenèrent une recrudescence du mal dans des proportions si effroyables, que bientôt les villes, et même la plupart des villages, s'en trouvèrent infectés. Rien de plus épouvantable que le récit des auteurs contemporains qui nous représentent le malheureux *ladre* arraché du foyer domes-

(1) Voir : Concile Labbe, V, col. 395 ; Concile de Lyon, édit. de 1715, iij, col. 456 ; Baluze, *Capit. Reg. Franc.*, I, col. 184 ; Dom Buquet, X, 114, 115.

tique, rejeté du sein de la société, allant cacher son malheur dans des lieux écartés ou sur le bord des chemins, sous la hutte que lui élevait la charité publique, absolument séquestré, de par l'Église, comme mort au monde, dans les *maladières* élevées pour le recevoir, « mis hors du siècle » (1). C'est que les symptômes présentés par la lèpre étaient effrayants. Le mal, disent les médecins (2), se manifestait par des *pointures et mordications* entre cuir et chair, par des alternatives de chaud et de froid suivies d'insomnie. La face enflée, onctueuse, était tantôt livide, tantôt rouge, *se tirant à noirseure*; les sourcils se dépilaient, et le front, tuméfié, formait divers plis s'étendant d'une tempe à l'autre. Bientôt, sous l'influence de la maladie, la voix, d'abord nasillarde, devenait *rauque comme de chat terrible*; la respiration était oppressée, la forme du visage s'altérait. Des ulcères, des boutons blancs à base verte couvraient la

(1) Voyez Joseph Garnier, *Notice historique sur la maladière de Dijon*, 1853, 8º.

(2) Bernard de Gordon, *Fleur de lys en médecine*, Paris, 1598; Guy de Chauliac, *la Grande chirurgie*. Voyez encore Delamare, *Traité de la police*, liv. IV, t. XII, ch. 1, p. 527.

face. •Les yeux, enflammés, *jaillissoient hors de leurs paupières enversées ;* le regard était *noir comme la beste Satan.* Les oreilles, rapetissées et ramenées en arrière, étaient mangées d'ulcères ; le nez s'enfonçait par suite de la corrosion du cartilage, et des narines découlait incessamment un sang *grumeleux* et corrompu. Les lèvres s'enflaient en se fendillant ; la langue, sèche, noire, coupée de sillons, était semée de grains blancs ; l'haleine devenait infecte ; les cheveux et les poils, *aggrélés et apetissés,* ne pouvaient être arrachés qu'avec un peu de la chair pourrie qui les avait nourris. Le corps se couvrait : chez les uns, de pustules ou d'ulcères sans cesse renaissants ; chez les autres, de taches blanches ou de squames, écailles semblables à celles du poisson. La peau, inégale, rude, insensible, étant coupée ne rendait qu'une humeur sanieuse ; souvent on l'arrosait d'eau sans pouvoir la mouiller. Cette insensibilité venait à un tel degré, qu'on pouvait percer le poignet ou les pieds du lépreux sans lui faire souffrir aucune douleur. Enfin, le nez, les pieds, les mains, même les membres se détachaient tout entiers, et par une mort particulière prévenaient celle du malade.

Cette affreuse dermatose, qui était sans doute entretenue par la malpropreté, par le mauvais état des habitations, par l'usage de denrées falsifiées, et qui nécessita la création de tant de *léproseries* ou *maladières*, n'est pas la seule maladie épidémique qui ait régné en France et à Paris dans les premiers siècles de la monarchie. Sous les noms de *peste, contagion, mortalité*, il est fait mention de terribles fléaux qui décimèrent les populations et qui n'épargnèrent pas même les familles royales.

La peste, la vraie peste d'Orient est signalée par Grégoire de Tours (1) sous le nom significatif d'*inguinaria*, à l'année 420 et à l'année 552. Le même historien parle (2) d'une grande *mortalité* qui sévit à Chinon, après un tremblement de terre. En 580, c'est une affection dysentérique qui envahit presque toutes les Gaules, s'attaquant d'abord aux jeunes enfants, frappant le roi Chilpéric, faisant mourir deux enfants de ce prince ; ceux qui en souffraient avaient une forte

(1) *Hist. ecclés. des Francs*, trad. de M. Henri Bordier, 1859, 8°, liv. II, ch. xviii, et liv. IV, ch. v.
(2) *Ibid.*, liv. V, ch. xviii.

fièvre, des vomissements, des douleurs dans les reins, de la pesanteur de tête, et d'autres phénomènes qui font croire (1) à l'existence, à cette époque, de la variole ou petite vérole (2). Deux ans plus tard (582), les populations sont encore gravement atteintes par « une maladie maligne accompagnée de pustules et de tumeurs. » A Narbonne, l'*inguinaria* dépeuplait la ville et tuait en peu d'instants ceux qui en étaient atteints (3).

En 588, Marseille est ravagée par la peste inguinaire (4).

Félibien fait mention, à l'année 666, d'une peste qui dépeupla une partie de la ville de Paris, et qui ayant gagné l'abbaye de Saint-Martial, fondée par saint Éloy, emporta une grande partie des religieuses (5).

Est-ce la même peste d'Orient qui envahit la France en 1259, et qui devint surtout terrible à Paris (6)?

(1) F. Littré, *les Grandes épidémies (Revue des Deux-Mondes*, 4ᵉ série, t. V, année 1836, p. 220.)

(2) Grégoire de Tours, liv. V, ch. xxxv.

(3) *Ibid.*, liv. VI, ch. xiv.

(4) *Ibid.*, liv. VII, ch. xxi.

(5) Félibien, *Hist. de Paris*, t. I, p. 58.

(6) *Vie de saint Louis*, par le Nain de Tillemont, éd. J. de Gaulle. Paris, 1861, 8ᵉ, t. IV, p. 204.

Qu'était-ce, aussi, que le *mal des ardents,*
feu sacré, feu saint Éloy, feu saint Antoine,
qui, en 945 (1) exerça ses ravages tant à
Paris qu'en province, qui régna pareillement en 993, « attaquant les membres et
les détachant du tronc après les avoir consu-
més » (2), et fit une nouvelle irruption en
1089, « rendant les membres noirs comme
du charbon, lesquels se détachaient du
corps » (3)? Il y a lieu de voir là une maladie bien connue des modernes, l'*ergotisme*
gangréneux, c'est-à-dire la gangrène des
membres, des inférieurs surtout, par l'action
sur l'économie de cette altération particulière
du seigle et même du blé, appelée *ergot*.

Les rimeurs du commencement du xiv^e
siècle parlent aussi des grandes *mortalités*
qui se répandirent dans plusieurs parties de
la France, et semèrent la mort.

Dans la *Chronique rimée*, attribuée à Gef-
froi de Paris, on lit ceci :

> L'année M. CCC. et VII
> En avril fist-il si grants froits

---

(1) Frodoard, *Historiens des Gaules,* t. VIII, p. 199.
(2) Raoul Glaber, *ibid.*, t. X, p. 19.
(3) Sigebert, *ibid.*, t. XIII, p. 259.

Que vijnes en borjons gelèrent,
Ne riens cel an ne portèrent ;
Dont maintes lors l'eaue burent,
Qui puis en septembre morurent ;
Ainsi en fu la verité,
Si en fu la mortalité
En cel an sur les hommes grant.
Li phisiciens grandement
Lors gaaingnèrent : qui ne purent
En cel an vivre, celz morurent.

Et à l'année 1315 :

En cel an fu mortalité
Et famine, c'est verité :
Les genz par les rues morurent
Ne nul secours ils ne trouvoient ;
La nuit gisoient toutes nues
Les bonnes genz par les rues.

Maître Gefroi des Nes, auteur de la *Vie de saint Magloire*, n'est pas moins affirmatif :

L'an mil ccc et xv ensamble
Tempestes de venz ce me semble,
De mortalité, pestillence
Et famine furent en France

. . . .

A Paris especiaument
Car là entour plus cruaument
Cele grant pestillence estoit
Qui tout le païs contristoit.

Au reste, à part la lèpre qui est parfaitement caractérisée par les chroniqueurs ou les médecins du temps, et qui forme bien une affection tranchée, *sui generis*, ayant ses symptômes, ses caractères, son mode particulier d'évolution, les mots *mortalité, contagion, peste* n'expriment, dans les extraits que nous venons de donner, rien de scientifique ni de médical. Aussi, Du Cange a-t-il grande raison lorsqu'il rappelle que le mot *pestis* a été souvent employé à la place de *miseria*, d'*exitio* et même de *famine*. Monstrelet, en parlant de la famine et de la cherté des blés en l'année 1437, n'emploie-t-il pas le mot *pestilence* (1)?

Nous allons passer successivement en revue les grands fléaux qui ont affligé la France et surtout Paris.

(1) *La Chronique d'Enguerran de Monstrelet,* par L. Douët-D'Arcq, 1861, t. V, p. 309 et 329.

I.

*Grande peste de 1348. — Peste noire. — Pestis atra.
— Peste de Florence. — Grande pestilence. —
Mortalitat. — Mortaudat. — Empedimia de
bosses. — Peste inguinaire. — Impidemie. — Pestilence de boces. — Mortalegra grande. — Angui-
nalgia. — Pestis atrocissima. — Peste épouvantable. — La mort noire. — La mort, etc.*

ELS sont les noms sous lesquels on
désigne ce terrible fléau, le plus épouvantable de tous ceux dont il ait été
fait mention, et qui, détruisant « la tierce
partie du monde, » ravagea l'Europe entière,
et, avant l'Europe, l'Asie depuis l'extrême
Orient jusqu'aux rives du Bosphore, et toutes
les côtes africaines de la Méditerranée. La des-
cription des historiens, aussi bien que celle
des médecins, ne peut laisser aucun doute sur

la nature de la *Peste noire* : ce fut une véritable peste à bubons, telle qu'elle revint depuis encore visiter l'Europe, telle qu'elle ravagea Marseille en 1720, telle, enfin, qu'on l'observe encore aujourd'hui en Egypte, en Palestine et en Syrie. Le tiers de la population européenne fut emportée par le fléau (1). Gilles le Muisit, prieur de l'abbaye de Saint-Martin de Tournay, mort en 1352, affirme qu'il y eut des villes où de 20,000 habitants il en resta à peine 2,000, et des villages, où de 1,500 personnes, à peine 100 échappèrent (2).

Avant d'atteindre Paris, la peste noire s'appesantit sur le petit village de Roissy, près de Gonesse : « Et estoit très grant pitié de veoir les corps des morts en si grant quantité, car en l'espace dudit an et demi (1348-1349), selon ce que aulcuns disoient, le nombre des trespassés à Paris monta à plus de 50 mille (3). » La cour de France ne fut

(1) Voyez *Histoire de la peste noire* (1346-1350), d'après des documents inédits, par A. Philippe. Paris, 1853, 8°.

(2) *Notices et extraits manuscrits de la Bibliothèque impériale*, publiés par l'Institut, 4°, t. II (an VII), p. 228.

(3) *Chroniques de Saint-Denis.*

pas plus épargnée que le peuple; la peste enleva Jeanne de Bourgogne, reine de Navarre; sa bru, la duchesse de Normandie; la reine de France, Jeanne, femme de Philippe de Valois. Au nombre des illustres victimes dans Paris, il faut compter l'évêque Foulques de Chanac, les prévôts de Paris Jean de Milan, Pierre Belagent, Guillaume Gourmont, Philippe de Croisy, Alexandre de Crèvecœur.

Guy de Chauliac, avec son talent ordinaire a décrit *de visu* cette épouvantable épidémie; elle soulevait la peau par des reliefs glandulaires ou purulents, la parsemait de disques livides, la couvrait de taches gangréneuses, et la rongeait par des ulcères creusés sous des charbons incendiaires; l'expectoration d'un sang noir livide, complétait ce tableau (1).

Devant un tel malheur public, la Faculté de médecine de Paris devait intervenir; elle avait alors pour chef Girard de Beato Desiderio, homme considérable, chanoine de Paris, qui, sur l'ordre qui lui fut donné par

(1) Guy de Chauliac, *Chirurgia*. Venet., 1546, in-fol., tract. II, doct. II, cap. v.

le roi Philippe, réunit ses confrères dans l'église de Notre-Dame, et leur imposa le devoir de rédiger une *Consultation*, ou *Compendium*, comme on disait alors. Cette consultation nous est parvenue, avec quelques fâcheuses mutilations il est vrai ; mais telle qu'elle est, si scientifiquement parlant elle n'a pas grande importance, empreinte qu'elle est des idées superstitieuses du siècle et des folies de l'astrologie, elle n'en est pas moins un monument historique intéressant d'une grande école. M. J.-A.-Joseph Michon a donné ce document *in extenso* dans son excellente brochure (1).

(1) *Documents inédits sur la grande peste de 1348*. Paris, 1860, 8º.

II.

Épidémies au quinzième siècle.

PLUS d'un fléau épidémique s'est appesanti sur Paris au xvᵉ siècle. Suivant la *Chronique de Charles VI*, une grande mortalité exerça ses ravages dans le camp du roi pendant toute la moitié de l'année 1412. C'étaient « des dysenteries et plusieurs autres maladies. » Une « peste épidémique d'apostèmes » *(apostematum pestis epidemialis)*, la contagion, se répandit dans presque tout le royaume de France, enlevant, dans plusieurs grandes villes, la plupart des membres des principales familles. Pierre de Navarre, frère unique du roi de Navarre, en devint victime. Les médecins les plus expérimentés déclarèrent que le mal ne venait pas de la corruption de l'air, et recommandaient d'éviter toute communication avec les malades. D'après leurs conseils, presque tous ceux qui étaient pris de fièvre et qui sentaient se former des tumeurs et des apostèmes, soit à l'aine, soit aux aisselles, soit à la gorge, cherchèrent à y remédier par une prompte saignée (1).

Six ans après (1418), le même fléau se renouvelait, et frappait particulièrement les jeunes gens des deux sexes.« Ceux qui étaient atteints éprouvaient un violent mal de tête, et avaient le visage et toute la peau recouverts d'une grande quantité de boutons enflammés ; ils succombaient au bout de deux ou trois jours. Il n'y avait de chance de salut que quand on pouvait faire l'incision de ces boutons (2). »

En l'année 1414, ce fut une toux convulsive appelée alors la *coqueluche,* le *tard,* le *horion* (1), qui devait encore frapper Paris en 1580, et qui ne fut, comme nous le ver-

---

(1) *Chroniques de Charles VI,* édit. Bellaguet, liv. XXIII, ch. xvii.
(2) *Ibid.,* liv. XXXIX, ch. xii.
(3) Félibien, *Histoire de Paris,* t. II, p. 776.

rons tout à l'heure, qu'une véritable *grippe* ou *influenza*.

La *Chronique d'un Bourgeois de Paris* n'a pas oublié cette terrible épidémie, qui faisait de tels ravages à Paris, dans le mois de novembre 1418, qu'on ne savait où enterrer les morts. Dans les divers cimetières, aux Saints-Innocents, à la Trinité, et ailleurs, on fit de grandes fosses dans chacune desquelles on jetait six cents cadavres. Les cordonniers de Paris perdirent dix-huit cents des leurs. Les maîtres de l'Hôtel-Dieu, les fossoyeurs affirmèrent que dans l'espace compris entre la Nativité et la Conception de la Vierge (8 septembre au 8 décembre), on avait enterré à Paris plus de cent mille cadavres appartenant à peu près tous à des enfants et à des jeunes gens (1).

Monstrelet parle d'une grande famine, cherté de blés en 1437 et 1438 : « si très grande et si destreceuse, que c'estoit moult piteuse chose de veoir les povres gens morir en grand multitude par le moyen d'icelle famine. Et avec ce fu très grande mortalité

---

(1) *Journal d'un Bourgeois de Paris sous Charles VI*, collection Buchon, t. XL, p. 251.

en diverses parties du royaume de France, et pareillement dedens la cité de Paris (1). »

Mais l'épidémie de 1466 fut encore peut-être plus terrible et plus meurtrière. Les registres-commentaires de la Faculté de médecine de Paris signalent que la peste a chassé tous les bacheliers des écoles, et que les actes scolaires ont été interrompus à cause de cette « peste ». La *Chronique scandaleuse* s'exprime en ces termes :

« En ladite année (1466), ès mois d'aoust et septembre, fut grande et merveilleuse chaleur, au moien de laquelle s'en ensuivit grande mortalité de pestilence, et autres maladies, dont de quoi il mourut tant en la ville, villaiges voisins, prévosté et vicomté de Paris, quarente mil créatures, et mieulx ; entre lesquels y mourut maistre Arnoul, astrologien du Roy, qui estoit fort homme de bien, saige et plaisant, et aussi y mourut plusieurs médecins et officiers du Roy en ladicte ville de Paris. Et si grand nombre de créatures furent portéz ensevelies et enterréz au cymetière des Saincts Innocents, en

(1) *La Chronique d'Enguerran de Monstrelet*, édit. de M. Douët-D'Arcq, 1861, 8°, t. V, p. 319 et 339.

ladicte ville de Paris, que tant des morts en ladicte ville que de l'Ostel Dieu, tout y fut remply. Et fut ordonné que delà en avant on porteroit les morts au cymetière de la Trinité, qui est et appartient à l'Ostel de la ville de Paris. Et continua ladicte mort jusques au mois de novembre, que pour la faire cesser et prier Dieu qu'il luy pleust de le faire, furent faictes de moult belles processions généralles à Paris, par toutes les paroisses et Esglises d'icelle... (1). »

En 1482, Paris devenait encore le théâtre d'une peste épouvantable, qui régna sous la forme d'une fièvre inflammatoire, avec délire, céphalalgie, etc. (2).

(1) *Les Chroniques du roy Louys XI*, édit. de Denys Godefroy. Bruxelles, 1706, 8º, p. 89.
(2) Edward Bascome, *A History of epidemic pestilences from the earliest ages...* London, 1851, 8º, p. 69.

III.

Épidémies de 1500 à 1519.

Nous avons peu de renseignements sur cette période relativement à la santé publique. Cependant, il est certain que des affections épidémiques y ont plusieurs fois régné. Les registres-commentaires font mention, au 20 mars 1500, d'une lettre que le prévôt de Paris (Jacques Destouteville) écrit à la Faculté, lui demandant si l'état actuel est favorable à la *peste,* ainsi que de la réponse que font les médecins. « Oui, disent-ils, la peste sévit sur plusieurs points de Paris ; mais il vaut mieux ne pas en parler, afin de ne pas effrayer les populations. La Faculté nommera deux docteurs

qui seront payés par la ville, et qui visite-
ront tous les malades, qu'ils soient ou non
affectés de la peste. »

Ce fléau était même assez grave pour que
les gens de la ville, très-embarrassés des
morts, eussent eu l'idée de faire inhumer,
dans le jardin des Bernardins les malheureux morts à l'Hôtel-Dieu de la peste, et
que dans une assemblée de l'Université,
tenue le 12 août 1500, les principaux des
trois colléges de Saint-Bernard, Cardinal-
le-Moine, et Bons-Enfants, eussent protesté
contre cette mesure.

Le 15 novembre 1510, c'est le Parlement qui demande à la Faculté de médecine
six de ses docteurs, lesquels avec six barbiers, donneraient leurs soins aux pestiférés de Paris. L'épidémie sévit évidemment
avec rage. Une ordonnance du prévôt de
Paris (16 novembre 1510) enjoint à ceux
qui occupent des maisons infectées, « de
mettre à l'une des fenêtres ou autres lieux
plus apparents, une botte de paille, et de l'y
laisser encore pendant deux mois après que
la maladie aura cessé (1). »

(1) Delamare, liv. IV, tit. XIII, ch. 11.

D'après un passage emprunté à un livre
d'Ambroise Paré, il n'est pas douteux qu'en
cette année 1510, l'épidémie parisienne
n'ait été la même que celle qui devait sé-
vir avec tant de rage en 1580, c'est-à-dire
la coqueluche : « Ainsi que l'an 1510, survint une maladie par tout le royaume de
France, tant ès villes que ès villages, nommée par le commun *coqueluche*, parce que
quand aucuns estoient espris de ceste maladie, ils sentoient grande douleur en la teste,
ensemble à l'estomac, ès reins et ès jambes,
et avoient fièvre continue avec délire et fré-
nésie ; et lorsqu'on les purgeoit et saignoit,
on abrégeoit leurs jours. Et d'icelle mourut
un grand nombre, tant riches que pauvres (1). »

En 1516, les gouverneurs de l'Hôtel-Dieu
veulent faire construire un pont et des
chambres pour les pestiférés, près de la rue
du Fouarre. Protestations de l'Université,
qui ne veut pas d'un tel voisinage pour ses
écoliers. Protestations des médecins qui se
joindront, pour cet effet, à la mère com-

(1) Ambr. Paré, *Traité de la peste*, 1568, 8°,
p. 22.

mune, et qui chargeront leur collègue, Brissot, de rédiger des articles d'opposition (18 juin 1516).

Le 14 avril 1519, la peste est encore à Paris. Le prévôt demande si l'on peut sans danger permettre la représentation du mystère de Notre-Seigneur dans le cimetière de Saint-Jean. La Faculté répond que les grandes agglomérations sont dangereuses, et qu'on doit empêcher cette représentation.

IV.

Épidémie de 1531 à 1533.

’EST celle à l’occasion de laquelle fut criée et publiée à son de trompe l’ordonnance que M. Léon Willem réimprime aujourd’hui, et qui a été l’occasion de cette notice. Elle fut une des plus graves de toutes celles qui affligèrent la capitale, si l’on en juge par les mesures administratives qui furent prises. Dans ce siècle, la théorie de la nature *contagieuse* des maladies dites pestilentielles règne dans toute sa plénitude. On s’imagine que le mauvais génie peut se transmettre, non-seulement par la cohabitation avec un malade, mais encore par les vêtements, les meubles, les ustensiles qui

lui ont servi ; il y a même tels tissus qui
sont regardés comme particulièrement sus-
ceptibles de servir de refuge au mauvais
air : les lainages, les fourrures ont surtout
cette propriété, qu'ils doivent sans doute
au relâchement des fils qui les composent,
au moelleux de leur trame, à leurs nombreuses lacunes, dans lesquelles le virus doit
trouver un abri assuré. De là les mesures
prises par le Parlement, et l'ordonnance en
question : les maisons infectées auront aux
fenêtres et à la principale porte, une croix
de bois, afin que chacun puisse savoir où
est le danger et ne pas s'y exposer. Toute
personne qui aura été malade, tout membre
de sa famille, tout habitant même de la maison habitée par ce malade, ne pourront cir-
culer dans la ville, sans avoir à la main une
baguette ou un bâton de couleur blanche.
Défense absolue de faire entrer dans Paris
ou dans les faubourgs, ni lits, ni couvertures, courte-pointes, draps de laine, serges,
rideaux, « ne autres biens où la peste peult
retenir ; » la même défense s'applique aux
objets à transporter d'une maison infectée
dans une autre. Les fripiers, les priseurs,
les couturiers, les revendeurs, etc., ne pour-

ront même plus continuer leurs métiers, relativement à ces tissus, « où la peste et mauvais air se peult retenir. » Le Parisien n'aura plus le loisir d'aller aux étuves; les propriétaires de ces derniers établissements s'abstiendront jusqu'au prochain jour de Noël, c'est-à-dire pendant près de cinq mois, de chauffer les dites étuves ; on craignait évidemment le rapprochement entre les gens sains et les gens contaminés. Tout marraut, tout mendiant sera impitoyablement rejeté de l'intérieur des églises. Les ladres ou lépreux, habitants de Paris, se retireront en leurs maladières. Les chirurgiens et barbiers seront tenus de ne point jeter dans la partie de la Seine comprise dans l'enceinte de Paris, le sang des saignées qu'ils auront pratiquées, mais de le porter au delà de cette enceinte, au-dessous de l'écorcherie aux chevaux. Ces mêmes chirurgiens, s'ils ont été convaincus d'avoir saigné des lépreux, devront s'abstenir de pratiquer leur métier pendant un temps déterminé par la justice. Les mêmes prohibitions s'appliquent aux maréchaux qui recevront dans un vase le sang provenant de la saignée des chevaux, et qui iront jeter ce sang aux voi-

ries, hors la ville et les faubourgs. On leur
défend aussi d'entretenir leurs forges avec
du charbon de terre ; on s'imagine que les
vapeurs bitumineuses répandues par ce combustible, alors nouveau, peuvent aider le
fléau dans ses manifestations. Excellente
mesure : le pavé devant les maisons, sera
réparé s'il est mauvais ; soir et matin, « mesmement dedans le ruisseau, » on arrosera ;
on empêchera l'engorgement des égouts, on
laissera l'eau du ciel tomber en toute li-
berté, sans balayer ni nettoyer durant cette
pluie ; défense de jeter par les fenêtres quoi
que ce soit en fait d'ordures, d'eaux ; de
garder longtemps dans les maisons les uri-
nes et les eaux ménagères. Dorénavant, et
à l'avenir, défense est faite de vider dans la
rue les ordures des maisons ; on les mettra
dans des paniers, le long des maisons, où
elles seront prises de suite par des charretiers pour être jetées en dehors de la ville.
Ces charretiers sont appelés à une grande
diligence dans le débarras de ces ordures ;
la planche qui ferme le derrière de leurs
tombereaux, devra être aussi haute que celle
de devant, afin que les immondices ne puissent tomber sur la voie publique. Défense

est faite aux bouchers, charcutiers, rôtisseurs, vendeurs de volailles, etc., d'entretenir chez eux, dans la ville de Paris, des cochons, des pigeons, des poules, etc. Les propriétaires de maisons seront tenus de faire creuser immédiatement des latrines dans leurs propriétés ; les vidangeurs ne pourront vider ces fosses qu'après en avoir demandé l'autorisation à qui de droit. Es expressément défendu l'étalage des draps aux fenêtres donnant sur la rue. Les examinateurs-commissaires au Châtelet, les quarteniers, les dizainiers, les cinquanteniers, sont chargés, chacun en ce qui le concerne, de l'exécution de ces différents points.

Tel est le résumé succinct de l'ordonnance du 26 août 1531. Mais ce dont ne parle pas ce curieux document c'est la création des *Prévôts de la santé*, lesquels, aidés d'un certain nombre d'archers, devaient s'enquérir des maisons infectées, séparer promptement les malades d'avec les personnes saines, veiller à l'exécution des règlements sanitaires. Ils devaient se tenir habituellement, afin qu'on pût toujours les trouver, au cimetière de Saint-Gervais ou à celui de Saint-Séverin. Ils se rendaient matin et soir chez les commissaires, et plusieurs fois dans la journée, chez les quarteniers, dizainiers, médecins, barbiers, chirurgiens, apothicaires de chaque quartier, afin d'apprendre d'eux les noms et demeures des citoyens frappés. Ces derniers, ils les confiaient aussitôt aux barbiers ou aux chirurgiens nommés par la police, ou les faisaient porter à l'Hôtel-Dieu. Les prévôts de la santé avaient encore le soin de marquer d'une croix blanche les maisons abritant des pestiférés, et de veiller à ce que les domestiques de ces mêmes maisons ne sortissent qu'avec une verge blanche à la main. Les peines portées contre ceux qui eussent osé effacer ces croix blanches marquées par les prévôts de la santé, étaient extrêmement sévères : les délinquants avaient le poing coupé. Enfin, ces officiers sanitaires, leurs aides et archers, ne marchaient dans les rues que portant une casaque d'étoffe noire avec une croix blanche.

A cette occasion, nous rappellerons que dans la peste qui ravagea Marseille en 1720, on prit une mesure encore plus extravagante. Nous donnons ici le fac-simile d'une curieuse gravure du temps représentant le cos-

Mʳ Chicoyneav, chancellier de l'vniversité de Monspellier envoyé
par le roy à Marscelle en habit appellé contre la mort.

tume que portaient les médecins chargés de soigner les pestiférés : robe en maroquin du Levant, parce que cette étoffe, par son odeur et son poil, est la plus capable de résister au venin pestilentiel ; la tête est complétement fourrée dans un capuchon fait du même maroquin ; ce capuchon est percé, au niveau des yeux, d'ouvertures pour permettre la vue, mais ces ouvertures sont soigneusement bouchées par un cristal. Le nez, en forme de bec, était rempli de parfums et de matières balsamiques.

Mais, ce que le Parlement fît de mieux dans l'épidémie de 1531-1534, ce fut de s'adresser à la Faculté de médecine, et de lui demander aide, secours et conseils. Le 8 septembre 1533, les Parisiens épouvantés par le fléau qui répandait de tous côtés la terreur et la mort, furent un peu rassurés en lisant dans tous les carrefours l'arrêt suivant :

« ... Et au surplus, ordonne, ladite chambre (le Parlement), que la Faculté de médecine députera quatre médecins, docteurs régens en icelle, de qualité tant en théorie que practique, pour visiter et médicamenter les malades de peste en cette ville et faubourgs de Paris. Et pour ce faire, auront, chascun d'eulx, trois cens livres parisis pour ceste présente œuure. Et il leur sera aduancé un quartier... Aussi, ordonne, icelle chambre, que les dits quatre médecins qui seront esleus et commis à ce que dit est, pendant le temps dessus dit et quarante jours après, s'abstiendront de voir et visiter et médicamenter autres personnes que pestiférées, sur peine de punition corporelle, priuation de leurs offices, et amende arbitrale.»

Le collége des chirurgiens fut aussi appelé à prouver son zèle et son ardeur à venir au secours des malheureux pestiférés. Il dut élire deux chirurgiens pour visiter, panser, et médicamenter les malades ; leurs gages furent, pour chacun, de 120 livres parisis. Enfin les barbiers fournirent aussi deux compagnons, qui devaient être payés à raison de 80 livres.

Nous ne devons pas oublier les noms des quatre médecins que la Faculté choisit pour obéir aux ordres du Parlement, et qui n'hésitèrent pas à accepter le mandat, quoique avec les idées contagionistes exagérées de l'époque, c'était, pensait-on, courir presque sûrement à la mort. Honneur donc à Pierre

Royer, Jacques Fournier, Jean Guido,
Pierre Collier ! Ce n'est pas sans raison que
la Faculté les baptisa de suite de ces titres :
Medici Parabolani, du grec Παράϐολος, témé-
raire, audacieux, rappelant ainsi le courage
civique que montrèrent les dignes enfants
de nos écoles de Paris.

Toutes ces mesures, si sages en apparence,
et marquées au coin d'une si grande sollici-
tude pour le salut public, engendraient pour-
tant, d'effroyables désordres. Ambroise Paré
nous a laissé un tableau navrant des misè-
res de toutes sortes dans ces temps de cala-
mités publiques, où le malheureux pestiféré, traqué comme une bête venimeuse,
était arraché à son foyer domestique, séquestré dans des lieux infects, et souvent victime des voleurs et des assassins. Ecoutons
l'illustre chirurgien :

« ... Outre plus, les plus opulens, mesmes
les magistrats et autres, qui ont quelque
auctorité au gouvernement de la chose publicque, s'absentent ordinairement des premiers, et se retirent ailleurs, de sorte que la
justice n'est plus administrée, n'y estant personne à qui on la puisse requérir ; et lors,
tout s'en va à confusion, qui est un mal des

plus grands qui sçauroient advenir à une république quand la justice défaut. Et a donc, les méchants ameinent bien une autre peste; car ils entrent ès maisons, et y pillent le plus et desrobent à leur aise impunément, et couppent le plus souvent la gorge aux malades, voire aux sains mesmes, afin de n'estre cogneus et accusés après... En ceste ville de Paris, se sont trouvés des gens, qui avec l'aide de tels maistres, ayant fait entendre à leur ennemy qu'il avoit la peste, sans avoir mal quelconque, et le jour qu'il devoit parler de son procès, ou faire quelque acte où sa présence étoit requise, l'ont fait ravir et emporter à l'Hostel-Dieu, par la force de ces galands, quelque résistance qu'il pût faire, estant plusieurs contre un; et si de fortune il imploroit l'aide et miséricorde du peuple qui le voyoit, les larrons et meurtriers l'empeschoient et crioient encore plus fort que luy, afin qu'il ne fust entendu; ou bien, ils donnoient à entendre que le mal l'avoit rendu furieux et démoniaque, pour faire fuyr chacun d'auprès, et, ce pendant, avoir moyen de le poulser audit Hostel-Dieu et le faire lier et coucher avec les pestiférés. Et quelques jours après mouroit, tant de déplaisir que de l'air infecté, ayant esté sa mort auparavant vendue et achaptée à beaux deniers contants... Ceste maladie rend l'homme si misérable que si tost qu'il est soupçonné, sa maison (qui luy estoit le plus seur et le plus libre) luy sert d'une cruelle prison ; car on l'enferme dedans sans qu'il puisse sortir, ny que personne y soit admise pour le secourir. Si, ce pendant, quelqu'un de ceux qui sont ainsi resserrés et enfermés se meurt, il faut que les autres qui sont là dedans voyent quelquefois durant long temps cet horrible spectacle de corps remplis de vermine et pourriture, avec une grande puanteur charongneuse, qui fait renforcer l'infection et vénénosité de l'air, qui puis après fait redoubler la peste, et est souvent cause de la mort de tous ceux qui sont en la maison. Et si on se retire aux champs, la mesme crainte et horreur y est... Tout est clos et fermé aux villes, villages et bourgades, voire les maisons propres sont closes à leurs maistres, tellement que souvent on est contraint de faire quelque logette aux champs, arrière de toute conversation et cognoissance... Et qui plus est, n'a-t-on pas veu ès dites loges, que le père et la mère estans

griefvement malades, et ne pouvans aider à
leur enfant, l'ont veu suffoquer et manger
aux mouches guespes, et la mère cuidant le
secourir, se lever, puis tomber morte entre
l'enfant et le mary ! Plus on est recogneu des
vassaux, subjects, ou serviteurs qu'on ait,
chascun tourne le dos, et personne n'y ose-
roit aller ; mesme le père abandonne l'enfant
et l'enfant le père ; le mary la femme, et la
femme le mary ; le frère la sœur, et la sœur
le frère ; voire, ceux que vous pensez les
plus intimes et féales amys, en ce temps vous
abandonnent pour l'horreur et danger de
ceste maladie. Et s'il y a quelqun meu de
pitié et charité chrestienne, ou par la consan-
güinité, se veut advancer pour secourir et
visiter un malade, il n'aura après parent ny
amy qui le vueille fréquenter ny approcher.
Qu'ainsi soit on a veu, l'orsqu'on apperce-
voit seulement ès rues les médecins, chirurgiens et barbiers, esleus pour panser les malades, chascun couroit après eux à coups de
pierres pour les tuer comme chiens enragés,
disant qu'il falloit qu'ils n'allassent que de
nuict, de peur d'infecter les sains. »

V.

Épidémie de 1561 et 1562.

ELLE-LA est appelée *lues pestifera* sur les registres de la Faculté de médecine, et dura à Paris plus d'un an. Claude Haton qui en parle (1), évalue à plus de 25,000 le nombre des morts dans la capitale. Le fléau avait commencé à Provins le 15 mai 1561; les gouverneurs de la ville durent nommer des barbiers, des gardes, et un fossoyeur « pour médeciner, garder, panser et enterrer les atteints. » On compta un jour 80 pestiférés et 60 morts, parmi les-

(1) *Mémoires de Claude Haton*, édités par M. F. Bourquelot. 1857, 4°, p. 223 et 332.

quels les barbiers et le chirurgien. Nécessité de remplacer ces derniers ; le choix tombe sur Nicolas Douy, chirurgien, et sur Ayoul fossoyeur ; mais ces deux braves se sauvent, on les juge par défaut, ils sont condamnés à être pendus ; Martin Lange et Antoine Dantin se dévouent ; ils sont emportés par l'épidémie. A Paris, on dut prendre des mesures urgentes. Le 2 juillet 1561, le Parlement demande à la Faculté huit médecins, qui devaient être payés par le prévôt des marchands ; les marguilliers de chaque paroisse installent un fossoyeur pour inhumer les corps aux frais de la fabrique ; ces fossoyeurs devront se garder d'enterrer d'autres cadavres que ceux appartenant à des pestiférés ; l'administration de la ville poste à chaque porte un barbier pour porter secours aux malades. Le Châtelet choisit les barbiers dont les noms suivent : De la Forest, demeurant sur le rempart, entre la porte Saint-Denis et la porte Saint-Martin ; Boisart, qui habite près de Saint-Paul, et le Vieux, dont la maison est rue Notre-Dame, près de Sainte-Geneviève des Ardents.

Nous connaissons les noms de quatre des médecins de Paris qui se dévouèrent dans ces tristes circonstances. Ce furent Stellatus, Perdulcis, Palmarius et De Lor. Le Parlement, toujours attentif aux intérêts des populations, eut une excellente idée, en invitant la Faculté à composer certains remèdes propres à prévenir et à combattre le *lues pestifera*. La savante compagnie de la rue de la Bûcherie, nomma sans désemparer, pour s'occuper de ce sujet : Roger, Vigoreux, Mustel, De Gorris, Granger et Legrand.

VI.

Épidémie de 1578.

L n'y a pas de doute; ce fut une véritable *cholérine*, telle que nous l'observons aujourd'hui, qui régna en cette année. Le mot « courant » par lequel elle est désignée par les auteurs contemporains, le prouverait suffisamment, si les détails qu'ils donnent ne venaient confirmer cette analogie. Écoutons Claude Haton qui assure que la maladie commença à Paris dans le mois d'août, et s'étendit à Corbeil, à Lagny, à Meaux : « Cette maladie, *le courant*, fut une dysenterie de boyaux et mal de ventre fort doloreux et si cruel qu'il amena ung flux de sang horrible et de grandissime doleur, accompagnée d'une colique-passion telle, qu'il semblait aux pauvres patients qu'ils deussent jetter par le fondement leurs tripes et boyaux; plus de cent garderobes en 24 heures. A plusieurs, avec ce mal, leur vint un vomissement d'estomac et de cœur, et de tels peu échappa. A plusieurs malades tomba une froidure sur leur corps et membres si grande que le fer n'est plus froid, et si ne les povoit-on réchauffer en quelque sorte que ce fût; toutes fois les dits patients ne se plaignoient de telle froidure, non plus que s'ils n'en eussent rien senty. Aucuns frappés de cette-froidure en échappèrent, mais bien peu. Le souverain remède et le meilleur qu'on trouva pour guérir cette maladie fut de se tenir au lit le plus chaudement qu'il étoit possible, et de laisser tout échapper et faire son aysance dedans le lit sans se lever, de peur de se morfondre, et de manger des coings, pommes cuites entre deux braises. Cette maladie dura jusques à la Saint-Martin d'hiver (1). »

Claude Haton assure que les médecins,

(1) *Mémoires de Claude Haton*, p. 967.

chirurgiens et apothicaires de Paris se rassemblèrent pour donner leur avis sur les causes de cette maladie. Il ajoute que « le tout bien disputé, n'en purent que dire sinon que c'étoit une maladie, que Dieu envoyoit aux humains en pugnition. Toutefois, il fut résolu à ladite assemblée, qu'on expérimenteroit par la saignée et les purgatifs. Ceux qui furent les mieux secourus et mediciner moururent en plus grande peine que ceux les pauvres qui n'avoient moyen de se médiciner que d'eux-mêmes. »

Nous n'avons pas trouvé trace de cette consultation annoncée par le malicieux chroniqueur.

VII.

Épidémie de 1580.

N lit ceci dans le registre-journal de Pierre de l'Estoile :

« Depuis le 2ᵉ jour de ce mois de juing (1580) jusques au 8, tombent malades à Paris dix mille personnes, d'une maladie aiant forme de reume ou de cathairre qu'on apela la coqueluche, mesme le Roy, le duc de Mercœur, son beau-frère, le duc de Guise et le seigneur d'O, en furent travaillés. Ceste maladie prenoit par mal de teste, d'estomach, de reins et courbature par tout le corps, et persécuta quasi tout le roiaume de France tant que l'année dura, n'en eschappant quasi personne d'une ville, village ou maison, puis qu'une fois elle y estoit entrée estant comme avant coureuse de la peste, qui fust grande à Paris et aux environs tout cest an. Le meilleur remède qu'y trouvèrent les médecins fut de faire abstenir de vin les malades (et combien qu'à aucuns ils ordonnassent la saignée et la rheubarbe, et aux autres la casse), si est-ce qu'enfin le meilleur qu'ils y trouvèrent fut de faire tenir les malades au lit et les faire boire et manger peu, sans autre recepte ni médecine. On disoit à Paris que de ceste coqueluche estoient morts à Romme, en moins de trois mois, plus de dix mille personnes.

. . . .

« *Juillet.* — La peste, en ce temps rengrège à Paris, et pour y remédier, Messieurs les prévôts de Paris et des marchans, avec quelques conseillers de la cour, députés par icelle, s'assemblent souvent en la salle de la chancellerie, bien empeschés à y donner quelque bon ordre et provision. Enfin, ils créent un officier qu'ils appellent le prévost de la santé, qui va rechercher les malades de la peste par tous les quartiers de la ville, et par certains satellites qu'il a en sa charge, les fait porter à l'Hostel-Dieu àu cas qu'ils ne veuillent et n'aient le moien de demeurer en leurs maisons. Malmedi, liseur du Roi aux mathématiques, philosophe et sçavant médecin, entreprend la visitation et cure générale des pestiférés, et en fait bien son devoir et son profit. Tentes et loges sont dressées vers Monfaucon, les fauxbourgs Montmartre et Saint-Marcel, où se retirent plusieurs pestiférés, qui y sont passablement nourris et pensés.

« On commence à bastir à Grenelle, lieu champestre, à l'endroit des Minimes, de l'autre costé de la rivière de Seine, vers Vaugirard, que l'Hostel-Dieu achète de l'abbé Sainte-Geneviève et autres particuliers auxquels la dite ferme appartenoit, et pour les frais nécessaires pour les bastiments, afin d'y loger les malades de peste, et les y panser et traitter, contribuent tous les habitants de Paris, les uns de gré par forme d'aumosne, et les autres par quote imposée sur eux. La contagion et mal furent grands et plus effroiables toutes fois que dangereux : car il ne mourust point à Paris et aux fauxbourgs, en tout ledit an 1580, plus de trente mil personnes, et fut néantmoins l'effroi tel et si grand, que la pluspart des habitants de

Paris aiant quelque moien, vida hors la ville, et les forains n'y vinrent environ six mois durans, de façon que pauvres artisans et manœuvres crioient à la faim et jouoient aux quilles sur le pont Notre-Dame et en plusieurs autres rues de Paris, mesme dans la grande salle du Palais. Ceste peste par la contagion venant de Paris, s'espandist par maints villages, bourgs et bourgades et petites villes d'alentour, où il mourust grand peuple de cette maladie, et y fust plus cruelle et plus dangereuse qu'à Paris. »

Claude Haton n'a pas non plus oublié la coqueluche dans ses mémoires. Voici ce qu'il en dit :

« ... Dedans la ville de Paris, au mois de Febvrier (1580), commença à avoir cours une maladie qu'on apela la coqueluche, qui fort tormenta les personnes qui en furent atteintes, dont la plus grande partie morut par un cours de ventre qui les saisit durant ladite maladie. Dès la fin du moys de Febvrier s'apperçut-on qu'elle estoit contagieuse et une peste couverte, et avant qu'il fust la my mars fut cognue estre une peste patente et découverte, avec tous les signes et accidens qui la suyvent ; et commencèrent dès lors les Parisiens à desfuyr ceux qui en estoient frappés et à se contregarder de hanter les lieux où elle avoit cours. Elle se respandit et print son cours par les quatre coings et le milieu de ladite ville et des fauxbourgs d'icelle, avant qu'il fust la saint Jean-Baptiste, à la fin de Juing, et se continua de plus en plus jusques à la fin de Décembre, à la fin duquel n'estoit encore cessée. Les mors de ceste maladie, en ladite ville et fauxbourgs de Paris furent estimés excéder le nombre de soixante mille personnes... Ladite maladie ayant son cours de plus en plus, furent les habitans et gouverneurs contraints de faire dresser des tentes et pavillons à la mode d'ung camp, hors la ville et fauxbourgs Saint-Germain, en tirant droit aux Chartreux, pour y faire mener les malades par faulte de maison commune destinée à cest effect. Tous estrangers, comme escolliers des collèges, clercs de justice, serviteurs des marchans, absentèrent ladite ville pour s'en retourner en leurs pays ou aultre part... Une partie des présidents, conseillers, advocats, procureurs, notaires, sergens, gentishommes, bourgeois, marchans et artisans de Paris, qui avoient fermes, métairies et maisons aux champs pour se retirer, ou parens, amys ou alliés, qui les voulussent recevoir, s'absenta aussi, et ne demeura audit Paris que gens qui n'avoient moyen de se retirer aultre part... Après la Saint-Martin d'hiver, que les vacations de justice furent baillées, plusieurs personnes, comme advocats, procureurs, clercs et autres, retournèrent audit Paris, espérant que, à cause de la saison de l'hiver, la maladie cesseroit; la plus grande partie desquels furent frappés de ladite maladie, et peu en réchappèrent. Moult de barbiers et cirurgiens, qui de leur volonté ou par justice, furent nommés à panser les malades, morurent; la plus grande partie d'entre eux estoient compagnons de l'estat, lesquels se hasardèrent au danger, pour soulager les maistres, qui leur promettoient de les recevoir maistres s'ils en eschappoient (1) ... »

Dans une lettre qu'un personnage, dont le nom est resté inconnu, écrivait de Paris, le 25 novembre 1580, à son ami de Lyon, le nombre des Parisiens enlevés par l'épidémie de 1580, se serait monté « de six à sept vingts mille, ainsi que le rapport ou

(1) *Mémoires de Claude Haton*, p. 1013.

acte fait à la police. » Ce correspondant, malgré ce chiffre énorme de la mortalité, ajoute : « De ceux qui ont esté malades, en est bien guary le tiers pour le moins, qui est signe que le mal ne procédait pas de la corruption d'air (1). »

Enfin, l'on ne peut passer sous silence les détails que fournit un recueil manuscrit du temps (2) : « Le dimanche, 5ᵉ jour du dit moys (Juin 1580), entre six et sept heures du soir, il tonna et esclaira extrêmement à Paris par l'espace d'environ une heure, et sur le minuit il recommença encores à tonner et esclairer avec grand estonnement d'ung chacun. Et dès le lendemain commença en tous les endroits de la ville, une maladie nommée la coqueluche, qui fut telle qu'il n'y eut presque personne en toute la ville qui n'en fust attaint. Les ungs en estoient plus malades, les autres moings. Les ungs vomissoient, les autres avoient la fièvre, les

(1) *Arch. cur. de l'Hist. de France.* 8°, 1ʳᵉ série, t. XX, p. 321.

(2) Registre contenant mémoyres de plusieurs choses mémorables et non vulgaires, advenues tant au Parlement de Paris qu'en divers lieux de France. (Bibl. nat., ms. Dupuy, 301, fol. 85.)

autres seulement une extrême douleur d'estomach, et aultres de teste. En telle maison,
toutes se trouvèrent malades tout d'ung coup
sans que l'un peust secourir l'autre. Pendant
ceste maladie l'on ne pouvoit ny boire ny
manger ; l'on sentoit d'extrêmes douleurs
sur tout le corps comme si l'on eust esté
tout brisé et rompu. Aucuns estants guéris
avoient une toux et une enroueure merveilleuse. Ce fut une chose miraculeuse qu'entre
tant de malades aucun n'en mouroit; et ceux
qui moururent pendant ledit temps avoient
d'aultres maladies. Ce qui estonnoit plus
les hommes, c'est qu'il y avoit quelque sus-
pection de peste, dont aucuns estoient morts
auparavant, comme aussi il en mourut quelques unes pendant le temps que dura ladite
coqueluche, qui fut principalement depuis
le lundy 6 dudit moys de Juing jusques au
dimanche 19 du mesme moys. C'estoit pitié
de voir une infinité d'hommes par la ville,
les uns toussants et crachants extrêmement,
les autres tous pâles et décharnés comme
s'ilz feussent sortis du tumbeau. Les plus
curieux demeurèrent en grand soulcy, à scavoir si telle coqueluche estoit point comme
une fourrière qui vint annoncer la venue

d'une plus contagieuse maladie ; ou bien si
elle n'auroit servi pour purger et nettoyer
les mauvaises humeurs. Dieu par sa saincte
grâce veuille regarder son pauvre peuple en
pitié (1). »

L'on peut déjà se convaincre par ces cita-
tions empruntées à des sources non médi-
cales, que l'épidémie de l'année 1580 forma
deux périodes distinctes, non seulement par
la durée, la gravité du fléau, mais encore
par la nature même des accidents. Dans la
première, qui ne dura guère que la première
quinzaine de juin, ce fut ce qu'on appela
alors la coqueluche, caractérisée par une
« petite fièvre, rhume, mal de teste, mal de
cœur, grand desgoutement, et sueur qui ter-
minoit la maladie (2). » Dans la seconde
période, beaucoup plus longue, puisqu'elle
persévéra toute l'année, ce fut la peste qui
régna, la contagion, c'est-à-dire, pour employer le langage des médecins du temps,

---

(1) Voyez encore sur la Coqueluche de 1580 : Félibien, *Hist. de Paris*, t. II, p. 1142 ; De Thou, *Hist.
univ.*, liv. LXXII ; Valleriola, *Appendix ad tres sup.
locor. med. Comment.*, liber, 1589, p. 82 ; *Journ.
hist.* de Pierre Fayet. Tours, 1852, 8°, p. 19.

(2) Ellain, *Advis sur la peste*. Paris, 1604, 8°, 52 p.

« une maladie contagieuse, maligne, vénéneuse, poursuivant par antipathie substantielle et inimitié plus que hostile, la vie des hommes, produisant horribles symptômes, comme bosses, carboucles, morbilles, fièvres aigues, syncopes, frénésies, convulsions (1);» « une maladie fort courte, populaire, contagieuse, accompagnée de mauvais accidens, et de laquelle plusieurs meurent (2). »

Comme pour les épidémies précédentes, la Faculté de médecine de Paris fut consultée dans ce grand désastre public.

Il s'agissait surtout de pourvoir les nombreux malades qui ne pouvaient être traités chez eux, de refuges où ils reçussent tous les soins désirables, et où réunis, agglomérés et séquestrés, ils ne pussent contaminer les autres citoyens, et répandre autour d'eux le miasme pestilentiel dont ils étaient pénétrés. Pierre de l'Estoile nous a annoncé que dans le mois de juillet on commença à élever à Grenelle des bâtiments pour loger les pestiférés. Claude Haton mentionne des tentes, des pavillons, qu'on dressa au même

---

(1) Jean Suau, *Traité de la peste.* Paris, 1586, 8°.
(2) Ellain, op. cit.

endroit. Mais ce que ne nous apprennent pas ces deux chroniqueurs, c'est que le choix du lieu, la direction des travaux furent confiés aux médecins de Paris. Le 3 juillet 1580, le doyen de la Faculté, Henri de Monantheuil, accompagné du prévôt de Paris, d'un architecte, et du chirurgien Ambroise Paré, visitait les faubourgs Saint-Marcel et Saint-Victor; quelques jours après (7 juillet), le même doyen, menant avec lui deux avocats du roi, le lieutenant civil, le prévôt des marchands, l'abbé de Sainte-Geneviève, parcourait le village de Grenelle, examinait le territoire, la disposition des lieux, et marquait là le plan des pavillons temporaires qu'on devait y élever de suite. De plus, malgré les tristes oublis de la part de l'Administration de la ville, qui n'avait pas tenu ses engagements dans un malheur public précédent, et qui n'avait pas payé les médecins qui s'étaient si noblement dévoués, la Faculté ne trouva pas moins parmi ses membres des hommes prêts à voler au secours de leurs semblables. Ce fut Jean Stellatus, déjà sexagénaire, qui sera, lui aussi, victime de l'ingratitude publique, et qui se verra obligé, pour subvenir à ses besoins, de

demander à ses confrères un secours de dix-
huit livres parisis; ce fut aussi Simon Mal-
medy, qui devait à jamais s'illustrer par son
courage et son dévouement.

Les registres de la Faculté de médecine
de Paris renferment une curieuse et importante consultation, que la célèbre compagnie
de la rue de la Bûcherie rédigea à l'occasion
de cette grave épidémie de coqueluche de
l'année 1580.

On se méprendrait singulièrement si par
ce mot de *coqueluche*, appliqué par les auteurs et chroniqueurs contemporains, il fallait entendre la véritable coqueluche d'aujourd'hui, cette affection qui tourmente tant
nos petits enfants, et dont la diagnose peut
se résumer ainsi : toux violente et convulsive, revenant par quintes à des intervalles
plus ou moins longs, et consistant en plusieurs expirations successives, suivies d'une
inspiration sonore, avec rougeur du visage.
Ce ne sont pas là les phénomènes présentés
par la coqueluche des années 1510 et 1580.
Jean Suau, « médecin et jurisconsulte » nî-
mois, l'a décrite dans son livre de 1586 (1) et

(1) *Traicté de la merveilleuse et prodigieuse mala-*

la caractérise ainsi : « céphalalgie, c'est-à-dire
douleur de tête, de matière humorale et va-
poreuse, contagieuse et maligne, produisant horribles symptômes comme céphalalgie, anorexie, toux, vomissemens, syncopes,
pleurésies, catarrhes, toux violente, souvent
diarrhée, flux de ventre simple ou choleric. »
Nicolas Ellain, doyen de la Faculté de médecine de Paris, en parle aussi, et lui donne
« petite fièvre, rhume, mal de tête, mal de
cœur, grand desgoutement, et tous les malades guérissoient par la bonté de nature,
qui leur excite une petite sueur (1). » Sous
la plume d'Ambroise Paré, l'affection épidémique, nommée coqueluche par le vul-
gaire, se caractérise ainsi : « grandes douleurs en la teste, dans l'estomac, aux reins,
aux jambes, fièvre continue, délire, phré-
nésie (2). »

Il n'est aucun médecin qui, dans ces défi-
nitions, ne reconnaisse notre *grippe* actuelle,

*die épipendémique et contagieuse, appellée coqueluche,
très docte et très utile*, faict et composé en forme
de dialogue, par maistre Jean Suau, natif de la ville
de Nymes, en Languedoc, médecin et jurisconsulte.
Paris, 1586, 8°.

(1) Ellain, *Advis sur la peste*. Paris, 1604, 8°.
(2) A. Paré, *Traité de la peste*, p. 22.

l'influenza des Italiens, ce catarrhe bronchique, épidémique, qui vient de temps
à autre nous visiter et qui, chose remar-
quable, a immédiatement précédé l'épouvantable épidémie *cholérique* qui, en 1817,
porta la terreur et la mort dans la plus grande
partie de l'Europe. Eh bien ! la même chose
arriva à Paris en 1580 : la coqueluche (lisez
grippe) jeta tout d'abord au lit presque tous
les habitants de la grande ville ; puis survint
aussitôt une peste, une contagion, beaucoup
plus pernicieuse dans ses résultats, qui dura
plus de six mois, fit de nombreuses victimes,
et a pu être aussi une affection cholérique,
un véritable trousse-galant.

Mais pourquoi ce nom, assez singulier
de *coqueluche* imposé par le peuple à ce catarrhe bronchique épidémique ? On a émis
plusieurs étymologies à ce sujet, mais j'aime
mieux l'explication qu'en donne Jean Suau,
qui écrivait quelques années après la contagion de 1580.

« En notre langage, dit-il, coqueluche,
capuche, cocuche, noms synonymes, signi-
fient les couvertures de la teste, pyramidales,
anciennement fréquentes aux femmes, et
encore de nos temps aux moynes chartreux,

sous le nom de capuche ou capoche, du nom
de la teste appelée en italien capo, ou de coqueluche pour la similitude de la crête et
corne aigue et pointue de certains oiseaux. Le
tout à cause que cette maladie afflige principalement la tête en tous, et semble l'investir
et eslever par sa plénitude à la similitude des
capuches ou coqueluches. » Tous ceux qui
ont souffert de la grippe reconnaîtront ce
qu'il y a de juste dans cette explication ; une
personne grippée, en effet, rapporte presque
toutes ses douleurs à la tête, qui est comme
serrée, enclavée dans un capuchon, ou co-
queluchon ; il lui semble, à chaque quinte
de toux, que le crâne va éclater, en rompant
l'étau qui le tient emprisonné.

VIII.

Épidémie de 1596.

Nous avons peu de renseignements sur cette épidémie. Voici en quels termes Pierre de l'Estoile ouvre cette année :

«... Janvier 1596... A Paris, on eut plus d'occasion d'y pleurer que d'y rire; car la constitution du temps, maligne, toute contraire à la saison, à scavoir tellement chaude et humide qu'on y cueilloit en ce mois de janvier les violettes de mars, causoit d'estranges maladies, avec attente de pis, comme il parut bientost après. Puis, la cherté de toutes choses et celle du pain principallement, dont le pauvre peuple ne mangeoit pas à moictié son saoul, achevoit le demeurant... Processions de pauvres se voyoient par les rues, en telle abondance qu'on n'y pouvoit passer; lesquels crioient la faim, pendant que les maisons des riches regorgeoient de banquets et superfluités... »

Ces prévisions de Pierre de l'Estoile ne furent pas trompées.

Du 1er janvier 1596 au 10 février, il mourait, « la plupart de faim et de nécessité, » 416 malheureux à l'Hôtel-Dieu.

Le 4 mai, on enterrait 17 personnes, la plupart dans la fleur de l'àge, dans l'église Saint-Eustache.

Au 21 mai, la police pouvait compter à l'Hôtel-Dieu 106 malades de la contagion.

Le fléau augmente graduellement d'intensité; la journée du 18 juillet est particulièrement néfaste; les salles de l'Hôtel-Dieu reçoivent ce mois-là 3o5 malades.

En septembre, nouvelle recrudescence, plus terrible encore : il y a 5oo malades « tout à coup. »

Le fléau s'était répandu aux environs de Paris; au mois d'octobre, il était à Amiens, où en quinze jours il fait 1,5oo victimes; il n'y a pas moins de 120 enterrements en vingt-quatre heures.

Le 18 janvier 1597, on compte 200 malades de la contagion à l'Hôtel-Dieu.

L'épidémie se termine en mars par des pleurésies « fréquentes et mortelles. »

Qu'était-ce, nosologiquement parlant, que cette « contagion ? » Le chirurgien Guillaume Potel se contente de dire que ce fut « une grande peste (1). » Pierre de l'Estoile emploie ces mots : rougeolles, véroles, pleurésies, aliénations d'esprit, fièvres chaudes et pestilentes, fièvres pourprées, accompagnées de rêveries. Il ajoute que les médecins avouaient qu'ils n'y connaissaient rien : « Car même les simples fièvres tierce et les flux de ventre se tournoient en pourpre, et ceux qui en réchappoient alloient (comme on dit) jusques au tiquet, et les gangrènes leur survenoient principallement aux parties de derrière et aux fesses, desquelles il leur falloit couper de grands morceaux, ce qui les sauvoit. La constitution du temps étoit vaine, maussade et pluvieuse; car on eut cette année l'été en avril, l'automne en

(1) *Traicté de la peste advenue en ceste ville de Paris, l'an mil 1596, 1606, 1619 et 1623...* par Mᵉ Guillaume Potel, chirurgien juré à Paris, natif de Meaux. Paris, 1624, 8º.

may, et l'hiver en juin. » Ce qu'il y a de re-
marquable encore, c'est que la maladie,
quelle qu'elle fut, frappa de préférence les
personnes vivant dans l'aisance, pouvant se
donner une nourriture saine et abondante,
et s'entourer de soins hygiéniques. « Plusieurs bonnes maisons de la ville, écrit encore Pierre de l'Estoile, en furent infectées ;
car elle tumboit sur les plus gros. En la paroisse Saint-Nicolas, à la porte Montmartre,
à la Croix-des-Petits-Champs, fauxbourgs
Saint-Denis, Saint-Honoré, et Saint-Martin, où à cause de la pauvreté et saleté où
s'entretient le petit peuple, mal nourri et
comme entassé l'un sur l'autre, cette maladie
avoit accoustumé de racler tout, y en avoit
fort peu. Mesmement, dans tout le faubourg
Saint-Marceau, ne s'en remarquoit que trois
ou quatre maisons ; le faubourg Saint-Germain en étoit beaucoup plus infecté, encore
qu'il fut beaucoup plus net et plus aéré. »

Toutes les mesures, tous les règlements
administratifs et prétendus anti-contagieux,
adoptés en 1533, furent renouvelés encore
cette fois. On y en ajouta d'autres encore
plus sévères.

IX.

ELLE-LA furent peut-être moins graves que les précédentes, mais jetèrent cependant la terreur et l'épouvante dans le cœur des Parisiens. Dès le mois de janvier 1606, — mois humide et extraordinairement pluvieux, — il se développa en France et à Paris, des « maladies estranges et subites » qui emportèrent un assez grand nombre de personnes.

Le 29 juin, la police marquait d'une croix blanche cinquante maisons « infectées de la peste. »

Au mois de septembre le mauvais génie pénètre jusque dans l'hôtel de la reine Mar-

5

guerite, sœur du roi, et tue deux ou trois
de ses officiers ; abandonnée de ses commen-
saux, la princesse est forcée de se réfugier à
Issy, chez La Haye.

En octobre, l'épidémie, après quelques se-
maines de repos, se ravive, et continue jusqu'à la fin de novembre, pour être remplacée
au mois de décembre par des catarrhes, des
maux de gorge « avec fièvres pestilentes,
furoncles et apostèmes. »

Tout cela assez mitigé, en somme, et plus
effrayant que grave, puisque la mortalité
normale qui était, selon de l'Estoile, de huit
personnes par jour dans les temps ordinaires,
n'avait nullement augmenté pendant l'épidémie de 1606.

Néanmoins, telle était la terreur qu'ins-
pirait une affection, dont la transmissibilité
par contact était regardée comme si facile et
si commune, qu'il n'était pas de précautions
qu'on ne prît pour éviter la contagion. On
vit alors, par exemple, les gouverneurs de
l'Hôtel-Dieu, trembler pour leur propre
compte, s'éloigner du foyer pestilentiel de
ce grand établissement hospitalier, et déci-
der, dans une assemblée tenue le 8 juillet
1606, que leur bureau se tiendrait doréna-

vant au logis de l'un d'eux, M. d'Aubray (1).
Les chanoines de Notre-Dame ne cherchent
pas moins à sauvegarder leur chère santé ;
ils s'arrangent de manière à ce que les cha-
pelains qui desservaient l'Hôtel-Dieu, n'entrent plus dans l'église métropolitaine ; il y
avait une porte qui faisait communiquer le
chapitre avec une cour basse de l'hôpital ;
cette porte fut murée ; il y en avait une autre qui servait de passage aux viandes de
boucherie : on y mit un cadenas, et la clef
en fut confiée au dépensier (2).

Dans le milieu de l'année 1623, Paris est
encore visité par une épidémie. Cette fois
on a recours aux lumières de la Faculté de
médecine.

Le 2 août, une grande assemblée a lieu
au Châtelet, dans la chambre des causes ci-
viles ; le lieutenant civil, Le Bailleul, y a con-
voqué tous les officiers de police générale,
et invité le doyen des docteurs (André Du
Chemin) à s'y rendre, accompagné de Claude
Gervais, censeur, et de Jean Martin, l'un des
médecins de Henri IV. L'on n'a pas oublié

(1) *Archives de l'assistance publique*, reg. de déli-
bér. de l'Hôtel-Dieu, n° 6392.
(2) *Ibid.*

non plus les chirurgiens jurés, les barbiers et les pharmaciens. Hélas! cette séance qui devait être tout entière consacrée au salut public devient une scène sur laquelle se maltraitent ces quatre corps de l'art de guérir.

Le premier échevin. — Je voudrais que la Faculté désignât dix de ses docteurs qui auraient pour mission d'étudier les causes des maladies régnantes, et d'indiquer les moyens propres à les combattre.

Le plus ancien des chirurgiens. — J'appuie fortement la motion de M. le premier échevin ; mais il faudrait que les chirurgiens fussent aussi consultés.

Du Puys, l'un des barbiers. — Moi, je possède des formules et des remèdes contre la peste; pourquoi ne les emploie-t-on pas ?

Le doyen de la Faculté. — En vérité, c'est par trop d'audace, voir un barbier se mêler de choses qui ne le regardent pas.

Un pharmacien juré. — Moi, je promets de fournir les médicaments nécessaires, et particulièrement l'antidote que dans une autre circonstance la Faculté de médecine a conseillé contre la peste. Que messieurs les médecins veuillent bien me donner leur formule.

Le doyen. — La Faculté ne doit pas donner cette formule.

L'assemblée se levant comme un seul homme. — Et pourquoi donc, s'il vous plaît?

Le doyen. — Nous n'avons pas mis la dernière main à la confection de cet opiat, lequel n'a même pas été approuvé par toute la Faculté; nous en donnerons la formule dans l'antidotaire qui sera bientôt livré au public.

Les pharmaciens et les gens de la police, en chœur. — Soyez donc alors pharmaciens, messieurs les médecins!...

Le doyen, gravement et solennellement. — Nous avons été, nous sommes, et nous serons pharmaciens, toutes les fois que cela nous plaira. A vous, de vendre les médicaments.

Et ainsi se sépara l'assemblée du 2 août 1606. Une autre réunion eut lieu le lendemain au Palais, dans la chambre de Saint-Louis. Elle fut plus importante que la première. Il y avait là des représentants de tous les ordres du clergé, les présidents de toutes les cours, et le doyen de la Faculté de médecine, accompagné de Harduin de Saint-Jacques, Bazin, Bouvard, Gervais, Martin,

Bourgeois, Le Clerc. Il s'agissait surtout d'avoir les avis de la science. Le doyen prononça, en conséquence, un long discours qui peut se résumer ainsi :

« Les maladies qui sévissent aujourd'hui sont pestilentielles ; car les maladies qui dans une ville frappent un grand nombre de gens, emportent la plupart de ces derniers. Cependant, grâces à Dieu, un tel malheur n'est pas encore arrivé ; les maladies actuelles ne sont pas tellement pernicieuses qu'elles justifient cette grande terreur du peuple, et même celle des magistrats. La cause de la peste régnante ne doit pas être rapportée à l'air, dont la corruption est loin d'être prouvée ; personne n'est donc en droit de dire que ladite peste soit causée par la corruption de l'air. Elle a été apportée de Rouen et de Beauvais par la voie du commerce. Le collége des médecins espère que cette peste ne sera ni longue, ni très-grave, pourvu que les malades soient portés, sans désemparer, à l'hôpital, et qu'ils soient bien soignés. Il est rationnel que tous les matins le pavé des rues soit lavé à grande eau, qu'on allume le soir de grands feux dans lesquels on jettera des plantes aromatiques. Comme moyens prophylactiques, les citoyens devraient faire usage de confections de hyacinthe, de thériaque et d'oxycrats. La Faculté a écrit là dessus assez de livres pour qu'il ne soit pas nécessaire qu'elle en écrive de nouveaux. »

Le 2 septembre 1631, la peste sévissait encore cruellement à Paris. Le doyen était appelé au Châtelet. Un arrêt du Parlement du même jour enjoignait aux médecins de déclarer de suite aux commissaires de leurs quartiers les cas de peste qu'ils rencontreraient dans leur pratique. « Ils auront à donner les noms, surnoms, qualités, et demeures des malades, qui seront inscrits sur un registre *ad hoc* placé au Châtelet. » Cette mesure est justifiée, « parce que la maladie n'est pas tant produite par corruption de l'air, que par le contact et la communication qui se fait des personnes infectées aux personnes saines. » Cette mesure provoqua de la part des docteurs, la lettre suivante, qu'ils adressèrent le 10 septembre au lieutenant civil :

« Les doyen, docteurs régents de la Faculté de médecine en l'Université de Paris, certiffient, monsieur le Lieutenant civil, que suyvant son ordonnance du 2 septembre, signifiée au Doyen le 6 dudit mois, ils ont été assemblés en leurs écoles ce mercredy 10 du mesme mois ; où on a fait la lecture mot à mot, de son ordonnance, laquelle ils désirent accomplir et entretenir en tous ses articles, comme utile à la conservation de la santé publique, de laquelle ils sont non seulement les gardiens et restaurateurs, mais aussi amateurs très affectivement. Sur lequel respect il plaira à Monsieur le Lieutenant civil trouver bon que pour la descharge de leurs consciences et le deu de leurs charges, ils luy remonstrent très humblement, qu'il y a plusieurs autres deffauts en cette ville, qui fomentent et augmentent les maladies contagieuses : comme sont les boues et les esgouts, qui, à faulte d'estre nettoyés, par leur infection gastent et corrompent l'air ; la vente des mauvais fruicts, melons et concombres, qui servent de matière à allumer le feu de tant de fiebvres, que nous voyons dégénérer en pestilentielles et contagieuses ; la foule des pauvres aux esglises et aux rues, qui sortent le plus souvent mal guéris de la maison de santé ; un nombre infini de charlatans, qui font la médecine avec des drogues et remèdes pestilentiels, et autres abus et manquemens ; esquels ils sont prests d'en dresser les advis, dès qu'il plaira à Monsieur le Lieutenant civil de leur en faire le commandement, afin qu'il luy plaise, par sa prudence ordinaire, d'y apporter remède, et en arrestant le cours d'un mal si furieux, s'acquérir le titre et le sur nom de conservateur de la santé publicque.

« Faict ès dites escolles, ce dixiesme septembre mil six cent trente un.

« MOREAU, *doyen.* »

Le 9 juillet 1668, le Parlement avertit la Faculté que la peste menace la ville et demande qu'on prenne des mesures en conséquence. On va même jusqu'à soupçonner qu'un homme arrivé à Paris depuis peu de jours, d'une province infectée, après avoir logé d'abord rue de la Parcheminerie, puis, rue de la Harpe, avait été mourir de la contagion dans une maison « sur le fossé d'entre les portes Saint-Jacques et Saint-Michel (1). » Aussitôt les magistrats se rendent à la maison

(1) *Arch. de l'ass. publ.*, Reg. des délibérations, 6546.

suspecte, y séquestrent les pauvres gens qui avaient communiqué avec le prétendu pestiféré, et pourvoient à leur nourriture (1). Bien plus, un arrêt intervient, qui pour plus de sécurité, encore, ordonne que ces mêmes gens seront conduits, pour y faire une quarantaine, dans une maison appartenant au président Musnier, sise dans le haut de la Courtille, non loin de l'hôpital Saint-Louis (2). Les officiers du guet, commandés par le magistrat de police pour exécuter cet arrêt prennent peur; ils ne veulent pas s'exposer, et prétendent que c'est aux prévôts de la santé qu'incombe cette fonction. On ne les écouta pas, et le Parlement les força bel et bien à obéir aux ordres du lieutenant de police (3).

Les derniers jours de l'année 1675 sont signalés par une épidémie qui semble avoir eu tous les caractères de notre grippe actuelle. Le lieutenant général de police, de La Reynie, crut devoir adresser à la Faculté, la lettre suivante:

(1) Delamare, liv. IV, tit. XIII, ch. viii.
(2) Voyez cet arrêt, Delamare, liv. IV, tit. XIII, ch. viii.
(3) *Ibid.*

« *Pour Monsieur Morand, doyen de la Faculté de médecine de Paris.*

«Paris, 18 décembre 1675.

« Le grand nombre des malades qu'on voit dans la ville depuis quelques jours, la qualité de la maladie et le sujet qu'il peut y avoir d'en apréhender les suites, m'obligent de vous prier de vouloir bien examiner s'il ne seroit pas important que vous prissiez la peine d'inviter Messieurs vos confrères, d'observer, autant qu'il leur seroit possible, tout ce qui peut donner lieu de juger, non seulement des causes et de ce qui peut être à craindre de cette maladie, mais encore tout ce que l'expérience aura fait connaître de plus convenable ou de contraire à la guérison des malades qui en auraient été affligés ; un tel soin peut être digne de la Faculté de médecine de Paris, et il luy sera, ce semble, avantageux aussi bien qu'au public, si avec le secours de ses docteurs, et dans cette sorte de conjectures, mesmes dans celles qui seroient encore plus fascheuses, il nous étoit possible de congnoistre, ou si ceux qui viendront après nous pouvoient apprendre en

consultant ses registres, les expériences du
passé, et pour ainsi dire juger de ce qui se
devroit faire par la connoissance de ce qui auroit esté fait en d'autre temps pour la guérison de semblables ou plus fascheuses maladies. Je suis, Monsieur, vostre très-humble
et bien obéissant serviteur.

« De La Reynie. »

A cette invitation, nos pères répondirent
que dans toutes ces maladies qu'on voit aujourd'hui, il n'y a aucun principe malin,
aucun virus pestiféré ou contagieux ; tout le
monde guérirait à peu près, si ce n'étaient
les empiriques qui fourmillent à Paris.

Hélas, oui, le charlatanisme le plus honteux régnait alors dans la bonne ville de
Paris.

Mais il est temps de mentionner une mesure qui fut prise et qui fut certainement la
plus importante de toutes, puisqu'elle con-
sista à fonder aux portes de Paris des asiles,
où, pour éviter l'agglomération de l'Hôtel-
Dieu, on transporta, réunit, et séquestra les
malheureux que le génie épidémique avait
frappés.

Pendant bien des siècles il n'y eut à Paris

que l'Hôtel-Dieu pour recevoir les malades pauvres ; les pestiférés y étaient reçus comme les autres, et tout ce que l'on pouvait faire en temps de contagion, c'était de mettre les malheureux réputés atteints d'une affection contagieuse, dans une même salle, séparée avec soin des autres. L'on sait que Antoine Duprat, cardinal et légat du Saint-Siége, améliora considérablement cet état de choses, lorsque en l'année 1535, il obtint la construction d'une salle spéciale, fort grande, salle qu'on ménagea entre les anciens bâtiments de l'Hôtel-Dieu et le Petit-Pont, et qui, baptisée du nom de *salle du légat* fut exclusivement consacrée aux pestiférés.

Mais cette *salle du légat* ne pouvait manquer de devenir insuffisante devant le renouvellement si fréquent des épidémies parisiennes. D'ailleurs, elle faisait encore partie de l'Hôtel-Dieu, elle y était comme accrochée ; et avec les idées contagionistes qui régnaient alors, on dût craindre à chaque instant, que le foyer pestilentiel de la *salle du légat* ne communiquât ses effluves à travers les cloisons qui la séparaient des autres salles. « Il serait nécessaire, écrit le médecin Ellain en 1604, d'avoir deux

maisons aux deux faubourgs de Paris, ès
lieux commodes, choisis par l'advis des médecins, pour retirer les pauvres malades de
la peste. Il est trop désavantageux à la santé
publique, que les pauvres malades soient
logés au grand Hostel-Dieu assis près la
grande église, au milieu de la ville, dont il
faut transporter ceux qui sont décédés, par
ladite ville, au cimetière de la Trinité (1). »

L'épidémie de 1606 raviva ces craintes.
Les gouverneurs de l'Hôtel-Dieu exposent à
Achille de Harlay, premier président du
Parlement, le besoin pressant où était la ville
de Paris d'avoir quelques maisons pour les
pestiférés ; des pourparlers s'établissent à ce
sujet, et l'on décide deux choses, savoir : que
l'on convertirait en *Maison de santé* l'ancien
hôpital de Saint-Marcel, fondé par la veuve
de saint Louis, et qu'on bâtirait dans un en-
clos placé entre le faubourg Saint-Denis et
le faubourg Saint-Martin, un refuge pour les
pestiférés.

Le 20 juin 1607, le bureau de l'Hôtel-
Dieu faisait bail au rabais pour la construction de ce nouvel hôpital ; le 13 juillet

(1) Nicolas Ellain, *Advis sur la peste*, 1604, 8°.

la première pierre en était posée; au bout
de quatre ans et demi s'élevait majestueuse-
ment l'hôpital Saint-Louis, et l'on promul-
guait des règlements dont voici les principaux:

Toutes les personnes frappées de contagion et logées en garni, seront promptement
ment enlevées pour être conduites, soit à la
maison de santé de Saint-Marcel, soit à l'hôpital Saint-Louis; leur maisons seront fer-
mées avec des cadenas, barres de fer ou ais
de bois; défense est faite aux Parisiens de se
faire soigner chez eux, à moins qu'ils n'occupent seuls une maison. Les chirurgiens
de l'Hôtel-Dieu seront chargés de soigner
les malades transportés à Saint-Louis et à
la maison de santé. Si ces chirurgiens ne
suffisent pas, on leur adjoindra des compagnons chirurgiens, qui pourront gagner la
maîtrise après six ans d'exercice; de ces
compagnons chirurgiens, le plus ancien se
tient à la porte des deux maisons de santé,
visite et reçoit les malades (1); tandis
qu'un autre compagnon chirurgien placé à
la porte du Parvis Notre-Dame, examinera

(1) Delamare.

les malades, et renverra à Saint-Louis ceux qui seraient atteints de la peste (1).

C'est à la *maison de santé* de Saint-Marcel et à l'hôpital Saint-Louis, que pendant bien des années on a entassé une foule de malheureux atteints de maladies regardées comme contagieuses.

Guillaume Potel assure qu'en 1606, il y avait deux mille malades dans la maison de Saint-Marcel, tandis que l'année suivante on n'en compta que vingt.

Pierre de l'Estoile ne se loue pas non plus de cet hôpital Saint-Marcel (logis de Voisin); il assure que les malheureux qui y étaient enfermés, y mouraient de faim et avaient été contraints d'en sortir, pour aller se réfugier dans des cabanes dressées au milieu des champs, près des Chartreux.

Le registre 6397 des délibérations du bureau de l'Hôtel-Dieu (2) ne donne pas un tableau moins sombre. Il fait remarquer (3 septembre 1638), que les malades qui se présentent à l'Hôtel-Dieu, et qui sont convaincus de contagion sont renvoyés aux hôpi-

(1) *Arch. de l'ass. publ.*, regist. des délibérations, n° 6395.

(2) *Arch. de l'assist. publ.*

taux Saint-Louis et Saint-Marcel; « mais
ils se trouvent tellement atténuéz, que
n'y pouvant aller, ils demeurent et meurent par les chemins, de plain jour, au
grand scandale des voisins... Les deux prévôts de la santé seront avertis de retrancher
deux archers du nombre qui leur a été baillé,
au lieu desquels le maître emballeur se pour-
voiera de deux hommes qui demeureront
assidus, pendant le jour, proche de l'Hostel-Dieu, afin que à l'instant qu'un malade
de peste sera visité et renvoyé, ils le con-
duisent aux dits hôpitaux dans une chaire
qu'ils auront à cet effet. »

Au 23 juin 1666, on trouve encore cette
note dans ces curieux registres de délibérations.

« M. Perrau et M. de Gomont estant alés
hier à l'hôpital de Saint-Louis avec M. le
prévost des marchands, ils firent remarquer
que pour porter les malades à Saint-Louis
plus promptement, et plus passer par la
porte du Temple, il en fallait réparer les
chemins, parce que l'abord de l'hôpital de
ce côté-là était fort vilain et étroit. »

Rappelons que la *Porte du Temple* était
située à peu près au confluent actuel du bou-

levard et du faubourg du Temple ; qu'elle
fut fermée à cause des troubles de la Ligue,
depuis l'an 1564 jusqu'en 1606 ; qu'elle fut
rouverte à la faveur de la paix générale ;
qu'on la rebâtit même à cette occasion ; mais
que par ordre du prévot des marchands et
des échevins, elle fut démolie en 1684. Ce
n'était pas, en effet, le chemin le plus court
pour porter un malade de l'Hôtel-Dieu à
l'hôpital Saint-Louis ; on abrégeait beaucoup en suivant la rue et le faubourg Saint-
Martin ; mais il fallait alors traverser le *Ma-
rais*, qui n'était, en 1666, qu'un vaste champ
de culture maraîchère détrempé par les eaux.
De là ce vœu exprimé dans le registre de
délibérations du grand hôpital de Paris.

X.

Épidémie de « grosse vérolle » en 1497.

E n'est pas ici le lieu de discuter la question si obscure et si controversée de l'origine de la maladie vénérienne ; nous n'avons pas à rechercher si les Italiens ont raison de l'appeler *morbus gallicus,* si les Français n'ont pas tort de la baptiser de *morbus napolitanus,* si elle n'aurait pas été apportée par les soldats de Christophe Colomb, si, au contraire, elle a existé de toute antiquité. Ce qu'il importe de dire, c'est l'époque précise où la maladie est officiellement annoncée comme existant à Paris à l'état d'épidémie et de contagion. Car la théorie de la communication des maladies populaires, par contact, théorie que nous avons vue régner dans les pages précédentes, était tellement enracinée que l'on se figurait que la syphilis, ou *grosse vérolle,* se propageait par l'air, par les vêtements, par les étoffes, par les denrées, absolument comme le feraient la rougeole, la scarlatine, et d'autres affections essentiellement contagieuses.

Donc, dans le commencement de l'année 1495, la « grosse vérolle » a fait irruption dans Paris, et deux ans après, elle était encore assez intense pour éveiller l'attention de l'administration de la ville. Le Parlement s'en émeut ; il mande vers lui les officiers du Châtelet ; ceux-ci se rendent auprès de l'évêque de Paris (Simon de Champigny), pour prendre les mesures qu'imposait la circonstance. Mais les choses ne marchant qu'avec lenteur, le Parlement fait acte de son autorité ; il renouvelle aux officiers du Châtelet ses ordres : une nouvelle réunion a lieu au palais épiscopal, où l'on adopte des moyens de sauvegarde, ainsi que le constate l'extrait suivant emprunté à l'un des registres du Parlement, et qui porte cette date : 6 mars 1497.

« Aujourd'huy, sixième de Mars 1496
(N. S. 1497), pour ce que en ceste ville de
Paris, y avoit plusieurs mallades de certaine
maladie contagieuse nommée la grosse vérolle, qui puis deux ans en ça, a eu grant
force en ce royaulme, tant de ceste ville de
Paris que d'aultres lieux, l'occasion de quoy
estoit à craindre que sur ce printemps elle
multipliast, a esté advisé qu'il estoit expédient y pourveoir. Pour quoy ont esté man-
dés les officiers du roy en Chastelet, lesquels
venus en la Cour (du Parlement) avoient
esté en la maison de l'évesque de Paris (1)
pour y mectre provisions, mais n'y estoit
encore advisé parmi le tout, pour les diffi-
cultés qui se trouvoient. Si leur a ordonné
la Cour y pourveoir, et pour assister avec
le dit évesque, a esté commis maistre Martin
de Bellefaye et moy greffier (2), en sa compagnie. Et après que en la maison du dit
évesque avons communiqué ensemble, me a
esté enjoint en faire l'ordonnance; ce que ay
fait selon les articles cy après enregistrés.
Laquelle ordonnance ay, moy, portée au

(1) Simon de Champigny.
(2) Il se nommait Pierre de Cerisay.

Chastelet, et délivrée au prévost de Paris, a esté mise à exécution, et jusqu'ici bien gardée.

« Pour pourveoir aux inconvénients qui adviennent chascun jour par la fréquentacion et communication des malades qui sont de présent en grant nombre en ceste ville de Paris, de certaine malladie contagieuse appelée la grosse vérolle, ont esté advisés, conclus, et délibéréz par révérend père en Dieu, Monseigneur l'évesque de Paris, les officiers du roy, prévost des marchands, et eschevins de Paris, et le conseil et advis de plusieurs grants et notables personnages de tous estats, les points et articles qui s'en suivent :

« *Premièrement*. Sera fait cry publique de par le roy, que tous malades de ceste maladie de grosse vérolle, estrangiers, tant hommes que femmes, qui n'estoient demourans et résidens en ceste ville de Paris, alors que la ditte malladie les a prins, xxiiii heures après le dit cry fait, s'en voisent et partent hors de ceste ville de Paris, ès pays et lieux dont ils sont natifs, ou là où ils faisoient leur résidence quant ceste maladie les a prins, ou ailleurs où leur semblera, sous peine de la hart (corde) ; et à ce que plus facilement ils puissent partir, se retirent ès portes Saint-Denis et Saint-Jacques, où ils trouveront gens députés, lesquels délivreront à chacun IIII s. p. (6 fr.), en prenant leur nom par escript, et leur faisant défense, sur la peine que dessus, de non rentrer en ceste ville, jusques à ce qu'ils soient entièrement guaris de ceste ditte malladie.

« *Item*. Que tous mallades de ceste malladie estant de ceste ville, ou qui estoient résidens et demourans en ceste ville, alors que la ditte malladie les a prins, tant hommes que femmes, qui auront puissance de eulx retirer ès maisons, se retirent dedans les dittes XXIIII heures, sans plus aller par la ville, de jour et de nuict, sur la ditte peine de la hart ; et lesquels, ainsi retirés en leurs dittes maisons, s'ils sont povres et indigens, pourront se recommander aux curés et marguilliers des paroisses dont ils seront, pour être recommandés. Et sans qu'ils partent de leurs maisons, leur sera pourveu de vivres convenables.

« *Item*. Tous autres povres mallades de ceste ville, hommes, ou qui avoient prins icelle malladie eulx résidans, demourans, ou servans en ceste ville, qui ne ont puissance de eulx retirer en maisons dedans les dittes xxiiii heures après le cry fait, sur la ditte peine de la hart, se retirent à Sainct Germain des Prés, pour estre et demourer ès maisons et lieux qui leur seront baillés et délivrés par les gens députés à ce faire ; auxquels lieux, durant la ditte malladie, leur sera pourveu de vivres et aultres choses à eux nécessaires. Et auxquels leur deffend, sur la ditte peine de la hart, de non rentrer en ceste ville de Paris, jusques à ce qu'ils soient entièrement guaris de la ditte maladie.

« *Item*. Que nul ne soit si hardy de prendre lesdits iiii s. s'il n'est étranger, comme dit est, ou qu'il voulust partir de ceste ville sans plus rentrer jusques à ce qu'il soit entièrement guari.

« *Item*. Quant aux femmes mallades, leur sera pourveu de aultres maisons ou demourances, et qu'elles seront fournies de vivres et autres choses à eulx nécessaires.

« *Item*. A esté ordonné que pour satisfaire au dit cry, les dits mallades qui estoient de ceste ville, ou qui estoient demourans en ceste ville à l'heure qu'ils ont été prins de ceste ditte maladie, seront mis en la maison qui ja a esté louée pour ceste cause à Sainct

Germain des Prés ; et où elle ne pourroit fournir, seront prins granges et aultres lieux estant près d'icelle, affin que plus facilement ils puissent estre pansés ; et en ce cas seront, céulx à qui seront les dittes granges et maisons, rénumérés et satisfaits de leurs louaiges par ceulx qui sont commis députés à recevoir l'argent cueilli et levé en ceste ville de Paris pour les dits mallades, par l'ordonnance des dits évesque et officiers du roy et prévost des marchands. Et à ce souffrir seront contraints réaument et de fait.

« *Item*. Après le dit cry fait, sera pourveu par ceux qui sont commis à recevoir le dit argent, à ce qu'ils mettent deux hommes, c'est assavoir : ung à la porte Saint-Denis, .pour, en la présence de ceulx qui seront commis par les officiers du roy, et prévost des marchands, payer les dits IIII s. p., et prendre les noms par escript de ceux qui les recevront, en leurs faisans deffenses dessus dittes.

« *Item*. Sera ordonné par le prévost de Paris aux examinateurs et sergens, que ès quartiers dont ils ont la charge, ils ne souffrent et permettent aucuns d'iceulx mallades aller, converser, communiquer parmi la ville ; et où ils en trouveront aulcuns, ils les mettent hors de ceste ville, ou les envoient ou mènent en prison pour estre punis corporellement selon la ditte ordonnance.

« *Item*. Après le dit cry mis à exécution, soient ordonnés gens par les dits prévost et échevins, lesquels se tiendront aux portes de ceste ville de Paris, pour garder et défendre qu'aucuns mallades de ceste malladie ne entre apertement ou secrètement en ceste ditte ville de Paris.

« *Item*. Soit pourveu par ceulx qui sont députés à recevoir l'argent donné et aumosne aux dits mallades, à ce que à iceulx retirés ès dittes maisons, soit pourveu de vivres et autres choses nécessaires soigneusement et en dilligence, car aultrement ils ne pourroient obéir aux dites ordonnances (1). »

Deux mois après cet arrêt du Parlement (5 mai 1497), la Cour faisait payer, en effet, une somme de 60 livres parisis destinées aux vérolés. On lit dans le même registre (fol. 124, r⁰).

« Ce jour, la Court a ordonné la somme de 60 livres parisis estre baillée et délivrée

(1) *Archiv. génér.*, X, 1503, fol. 74, v⁰.

par Mᵉ Nicolas Herbelot, Receveur des Ex-
ploits et Amendes de la Court de céans, à
sire Nicolas Potier, et autres commis tou-
chant le faict des Malades de Naples, pour
icelle somme estre employée ès affaires et
nécessitez desdicts malades. Faict le 5 may. »

Et le 27 du même mois, l'argent man-
quant, l'évêque de Paris s'adressait au Parlement, sur le registre duquel on lit ceci :

« Aujourd'huy (samedi, 27 mai 1497),
l'Evesque de Paris a remonstré que des malades de la grosse vérole, qui par ordonnance
de la Cour avoient esté mis ès Fauxbourgs
de ceste ville, y en avoit de garis en bien
grant nombre, mais l'argent estoit failly, et
y faisoit lon de petites aumosnes pour le
présent ; s'il estoit le plaisir de la Court y
faire quelque aumosne en pitié, elle seroit
bien emploiée. Et pour ce que des deniers
ordonnéz par la Court à employer en œuvres
pitéables ne estoit possible en recouvrer aucune chose, remonstrant à la Court qu'il y
avoit en mon greffe xv ou xvi escus depuis
dix ans avoit et ne sçavoit lon à qui ils
appartenoient, si c'estoit le plaisir de la
Cour ordonner qu'ils fussent distribuéz ès
povres mallades, les délivrerois. Ce qui a

esté ordonné, et iceulx ay bailléz à M⁰ Jean
Fournier, chanoine de Nostre Dame de Paris,
lequel s'en est chargé (1). »

Il est à croire que ces mesures n'eurent
pas le résultat qu'on en attendait, puisque
environ quinze mois après (25 juin 1498),
le prévôt de Paris se plaignait que, malgré
l'ordonnance du 6 mars 1497, les malades
atteints de la « grosse vérolle », pullulaient
à Paris, « conversant parmi la ville avec
les personnes saines », et qu'il faisait publier à son de trompe, l' « injonction » suivante :

« Combien que par cy devant ait été publié, crié, et ordonné à son de trompe et cry
public par les carrefours de Paris, à ce que
aucun n'en pust prétendre cause d'ignorance,
que tous malades de la grosse vérole vuidassent hors la ville, et s'en allassent, les
estrangers ès lieux dont ils sont natifs, et les
autres vuidassent hors ladite ville, sous peine
de la hart ; néantmoins, lesdits malades, en
contempnant lesdits cris, sont retournés de
toutes parts, et conversent parmi la ville
avec les personnes saines, qui est chose dan-

(1) *Archiv. génér.*, X, 1503, fol. 141, v⁰.

gereuse pour le peuple et la seigneurie qui est à présent à Paris.

« L'on enjoint, derechef, de par le Roy et mondit sieur Prévost de Paris, à tous lesdits malades de ladite maladie, tant hommes que femmes, que incontinent après ce présent cry, ils vuident et se départent de ladite ville et faubourgs de Paris, et s'envoisent, lesdits forains faire leur résidence ès pays et lieux dont ils sont natifs, et les autres hors ladite ville et faubourgs, sur peine d'être *jetés à la riviere*, s'ils y sont pris lejour-d'huy passé ; et enjoint-on à tous commissaires, quarteniers, et sergens, prendre ou faire prendre ceulx qui y seront trouvés pour en faire l'exécution (1). »

Triste époque ! où de malheureux syphilitiques étaient séquestrés chez eux, éloignés de la capitale, renfermés dans des granges, pendus, ou jetés dans la Seine !

N'importe ! En dépit de ces sauvages

(1) *Archiv. génér.*, X, 1503, fol. 141, v°. Isambert *(Recueil général des ancien. lois franç.*, 1827, 8°, t. XI, p. 213), et Pastoret *(Ordonnances des rois de France*, t. XX, p. 436), ont publié cette pièce ; mais la date qu'ils lui donnent est erronée. C'est bien 25 juin 1498 qu'il faut lire.

ordonnances, le mal de Naples fait des progrès dans la capitale ; les vérolés se faufilent dans les salles de l'Hôtel-Dieu ; ils y sont en grand nombre ; et comme on se figurait que le mal pouvait se communiquer par l'air, on craint pour les autres malades, pour les sœurs de charité, pour les médecins eux-mêmes. On veut une enquête, que provoquent le prévôt de Paris et les gouverneurs de l'Hôtel-Dieu. Le 7 février 1508, on se réunit dans la chambre du conseil du Parlement. La compagnie est nombreuse : il y a Baillet, président du Parlement, l'abbé de Saint-Magloire, le Doyen et le pénitencier de l'église de Paris, le président de la chambre des Comptes, le prévôt des marchands, les échevins de Paris, les gouverneurs de l'Hôtel-Dieu, des conseillers, quarteniers, et bourgeois de la ville. Et après mûre délibération, l'on renouvelle la décision prise le 6 mars 1497. Il faut donner tout au long, le procès-verbal de cette curieuse séance, qui nous est parvenu :

Extrait du livre des délibérations de la ville de Paris.

« L'an mil cinq cens et sept, le Jeudi, dix-
septiesme jour du moys de février. A la
requeste de Messeigneurs les prévost des
marchans et eschevins de la ville de Paris, et
instance des commis au gouvernement de
l'hostel Dieu de Paris, a este faicte assemblée
par ordonnance de la Court en la chambre
du Conseil au palays. Où se sont trouvés
monseigneur le président Baillet, monseigneur l'abbé de Sainct Magloire, messeigneurs les Doyen et pénitencier de Paris,
monseigneur le Président des Comptes, et
aucuns de messeigneurs de la chambre, messeigneurs les prévost des marchans et eschevins de la dite ville, les commis au gouvernement dudit Hostel Dieu, et plusieurs
des Conseillers quarteniers et bourgeois
d'icelle ville. Et illec a este exposé par monseigneur le prévost des marchans comme
par lesdits commis dudit hostel Dieu, il avoit
este le jour précédent adverty que à présent
audit Hostel Dieu y a de huit a neuf vingts
malades de la grosse vérolle, qui se y sont

puis naguéres retirés pour ce qu'ils n'ont de
quoy vivre ne lieu où ils saichent hébergier.
Que c'est une maladie contagieuse, comme
chascun peut congnoistre, et telle que par la
fréquentacion d'iceulx, les autres poures malades qui sont audit Hostel Dieu, et y ont
leurs recours pour y estre pensés et recouvrer
sante ; et semblablement les seurs religieuses,
gardes, serviteurs, et autres d'iceluy Hostel
Dieu, pourroient tumber en ladite maladie
de grosse vérolle, qui seroit un inconvénient
inestimable et très pitéable.

« A ceste cause, à l'instance desdicts commis et d'iceluy prévost des marchans, requis
à la court ceste assemblée estre faicte pour a
ce que dit est adviser et donner remède et
expédient, et à ce que lesdits vérollés soient
mis hors dudit Hostel Dieu et leur soit
ailleurs provision assignée. Requérant à
mon dit seigneur le président en demander
les avis et oppinions aux assistans. Ce que
Mondit seigneur le président a faict. Et a la
matière bien amplement esté ouverte par les
oppinans. Et finalement advisé, conclud et
délibéré, en ensuyvant ce qui aultrefoys en
pareil cas a esté faict : Que les deux maisons
despiéça ordonnées à recevoir et hébergier

lesdits malades de la grosse vérolle, assises,
c'est assavoir, l'une pour les hommes ès
faulxbourgs sainct Germain des prés, et
l'autre pour les femmes ès faulxbourgs sainct
Honoré, soient réparées et utencillées deue-
ment. *Item,* que pour faire lesdites reppa-
racions et utencilles desdites deux maisons,
et aussi pour substanter, nourrir journelle-
ment lesdits povres malades, les marguilliers
des paroisses de ceste ville feront faire queste
d'aumosnes par les sermons et ès maisons
des paroissiens, et que Monseigneur de Paris
ou ses vicaires donneront pardons et indul-
gences à tous bienffaitteurs auxdits vérollés.
Item, que les abbayes et couvens rentés de
ceste ville de Paris, et bonnes maisons, y
contribueront charitablement. Et pour re-
cueillir, recevoir et pourchaisser lesdites aumosnes, questes, dons et deniers, et autres
bienffaiz, et aussi pour faire régir, gou-
verner et penser les dits malades, et faire que
cest œuvre pitéable se puisse entretenir en
bonne police, seront nommées et députtées
aucunes personnes, c'est assavoir, l'un par
les gens d'église et chapitre de Paris, ung
par la Court de parlement, ung par la
chambre des comptes, ung par la ville de

7

Paris, et ung par les commis dudit Hostel Dieu, lesquels et chascun d'iceulx auront en ce que dit est et ès deppendances auctorité de justice.

« *Item,* et sera cryé à son de trompe en ceste ville de Paris : que tous estrangiers malades de ladite vérolle se retirent à leurs nacions dedans certain temps, qui leur sera préfix, sur peine de pugnicion corporelle. Ainsi signé :

« Collation est faicte. Hesselin ;

« Messeigneurs de chapittre de Paris ont délégué messeigneurs de Louviers et Claustre, chanoines de Paris ;

« Messeigneurs de la chambre des comptes ont délégué maistre Jehan Prevost ;

« Messeigneurs de la ville ont délégué sire Jehan Chenart ;

« Messieurs les commis au gouvernement de l'Hostel Dieu, ont délégué Guillaume Langloys (1). »

Puis, on fait venir deux chirurgiens de Paris et on leur donne l'ordre de se rendre à l'Hôtel-Dieu, de voir tous les malades qui y sont renfermés, de prendre leurs noms,

(1) *Arch. de l'ass. publ.,* Invent. des arch., n° 4217.

surnoms, et lieux de naissance ; le tout pour en faire leur rapport.

Ce rapport est du 23 février 1508. Il constate que à cette époque il y avait à l'Hôtel-Dieu de Paris, 106 malades atteints en ce moment ou qui avaient été atteints de la syphilis ; sur ce nombre on compte 48 hommes et 58 femmes ; 66 individus (39 hommes et 27 femmes), furent trouvés par les chirurgiens experts assez bien guéris pour pouvoir quitter l'asile hospitalier. On notera le nombre plus considérable des femmes atteintes du triste mal. Il est probable que c'étaient presque toutes des filles folles de leurs corps ; beaucoup portent des noms de guerre.

Quant aux deux chirurgiens, Philippe Roger et Gilles des Moulins, les deux experts en question, ce n'étaient pas les premiers venus ; ils occupaient à Paris le haut du pavé : Gilles des Moulins était même chanoine de Paris (et mourut le 22 novembre 1553) ; Philippe Roger était à la tête de ses confrères lorsque, le 3 janvier 1507, les chirurgiens de Paris vinrent à Saint-Yves déclarer solennellement qu'ils « se réputoient écoliers, disciples, et subjects de la Faculté de médecine, prests à luy obeyr comme vrays escoliers. »

Voici donc comment nos deux Dupuytrens de l'année 1508, rédigèrent le procès-verbal qu'on leur demandait.

« Nous, Philippe Roger et Gilles des Molins, chirurgiens jurés du roy, nostre seigneur, certiffions que le mercredy, xxiij^{me} de ce présent mois de febvrier, mil cinq cens et sept (1508), par le commandement et ordonnance de Monsr le Lieutenant criminel, nous sommes transportés en l'Ostel Dieu de Paris ; pour illec veoir et visiter tous les malades estans couchés en icelluy. Ce que avons faict en présence de Guillaume de Nourry, Claude Vanif, Guillaume Roger, Thomas de Soutences, Guillaume Wally, et Estienne Barat, aussi maistres chirurgiens jurés à Paris, et d'aucuns de Messeig^{rs} les gouverneurs dudict Hostel Dieu, pour toutes les salles et offices de céans. Et en ce faisant y avons trouvé de plusieurs et diverses espèces de maladies ; mais principalement nous sommes arrestés à prendre les noms et surnoms de ceulx qui sont oudit Hostel Dieu, malades de la maladie de Naples, que on appelle autrement la grosse vérolle. Et avons faict rédiger par escript les noms, surnoms et diocèses dont ils sont natifs, dont les noms s'ensuyvent cy après. Dont d'iceulx malades, tant hommes que femmes, y en a qui ont de grands ulcères aux jambes et en diverses parties de leurs corps, les autres ont les gouttes, avecques duresses et éminences aux bras et jambes, qui les tourmentent jour et nuict. Laquelle maladie est contagieuse et dangereuse à communicquer et fréquenter ; et notamment céans, pour la multitude des malades qui chascun jour y affluent (1), est nécessaire coucher autres malades avec lesdicts malades de Naples, dont il s'ensuyt et peut ensuyr grands inconvénients. Et est nécessaire de les mectre en autres lieux et séparés, où ils puissent estre pensés et secourus hors dudict Hostel Dieu. Tesmoings nos seings manuels cy mis, les jour et an dessus dicts.

« P. Roger.   Des Molins.

« S'ensuyvent les noms et surnoms desdicts malades de la grosse vérolle.

(1) En 1651, année d'épidémie parisienne, il y avait à l'Hôtel-Dieu plus de 2,200 malades.

« *Premièrement, en la salle Sainct-Denis :* Loys Roncurreau, natif du Mayne ; Richart Doriot, natif de Dompfront, en Normandie ; Étienne Can, natif de Paris ; Guillaume Belle, natif du Perche ; Jehan Godin, natif de Rouen ; Philibert Moreau, natif de Sainct-Marceau-lès-Paris ; Guillaume Buffet, natif de Paris ; ung nommé Anthoine, natif de Biauce (?) ; Noël Delamarre, natif de Beauvais.

« *A l'enfermerie dudict Hostel Dieu :* Charlotte Bauchelle, de Rouen ; Jehanne Morelle, native de Paris ; Jehanne Cossette, native de Paris ; Marguerite Bourgoise, de la rue Sainct-Martin ; Collette Delacroix, native de Paris ; Jehanne Jardine, de Corbueil ; Jehanne Russete, de Nanterre ; Huguete Genest, de Troies ; Jehanne Duval, de Sainct-Marceau-lès-Paris ; Michelle la Hermette, de Tours ; Marron Contante, de Paris ; Annette Fromont, de Tours ; Jehanne Labbesse, native d'auprès Anthoigny ; Marguerite Larchambaulde, de Blois ; Marron Morigne, d'auprès Chartres ; Gillette Catreligne, native de Paris ; Katherine la Gounalle, de Panthin ; Jehanne Labrigecte, de Paris ; Perrette la Jolie, de Chartres.

« *En la salle Sainct-Denis, du renc devers l'eaue* (1): Philbert Chefdeville, natif
de Paris ; Estienne Boutigny, natif de Me-
leun ; Simon Clément, de Meaulx ; Pierre
Quentin, d'Angers ; Jehan Delaborde, de
Valois ; Pierre Herland, de Tours ; Jehan
Poncet, de Compiengne.

« *A la salle Sainct-Thomas :* Mathieu
Turquoys, d'auprès Puisseletz, près Es-
tampes ; Raouland Berne, de Bretaigne ;
Pierre Morame, d'auprès le mont Sainct-
Michel ; Gervais Geurseau, natif d'Alençon.

« S'ensuyt les noms et surnoms d'autres
malades estans audict Hostel-Dieu, qui aussi
ont esté visitéz par lesdicts cirurgiens, lesquels sont sains et garis, et s'en peuvent aller
hors dudict Hostel-Dieu.

« *Premièrement, en la salle Sainct-
Denis :* Martin Le Gay, natif de la Chastre,
en Berry ; Guillaume Clivon, natif de Cléry ;
Jehan Patault, d'Irouville, en Beausse ;
Thomas Parisot, natif de Flam.... ; Jehan
Thoulouse, de Paris ; Mahiel Le Maistre, de
Dampmartin ; Guillaume Aubec, de Bayeux.

---

(1) *Du renc devers l'eaue,* c'est-à-dire de la rangée
de lits du côté de la Seine.

« *A l'enfermerie* : Jehanne Morelle, de
Paris ; Perrette, femme Nicolas Moreau, de
Paris ; Philippe Germaine, de Chartres ; Per-
rette Boucher, de Nostre-Dame-des-Champs ;
Jehanne la Trouvée, de Paris ; Anthoinete
Morete, de Paris ; Gervaise la Flumaille, du
Mans ; Jehanne de Labre, de Picardie ; Per-
rette la Hermande, de Paris ; Françoise Cha-
migue, de Vendosme ; Geuffrette Gervaisote,
de Paris ; Mariette Lambrie, de Cambray ;
Claude Jubeline, de Paris ; Jehanne Marcel,
de Lorraine.

« *En la salle Sainct-Denis, du renc du
milieu* : Brisset Rimère, de Nantes, en Bre-
tagne ; Jehan Lecoq, de Corbueil.

« *Au renc devers l'eaue de ladicte salle
Sainct-Denis* : Anthoine Cloquet, de Va-
lence ; Bénard Parceval, de Meaulx, en
Brie ; Léonard Menux, de Limosin ; André
Holdonel, Alemant.

« *A la salle Sainct-Thomas* : Jehan des
Boys, de Brie-Comte-Robert ; Jehan Ceret,
de Paloiseau ; Jehan Chamoys, de Bretaigne ;
Jehan Dupré, de Flandre ; Symonnet Gaul-
thier, de Sainct-Marceau ; Jehan Dupuys,
de Sainct-Marceau ; Guillaume Grosmellin,
de Seure (?) ; Yvonnet Sergent, de Bretaigne ;

Guillaume Salmon, de Paris ; René Fromentin, de la Brie ; Jehan Tremant, de Bretaigne ; Christophe Roussel, de Meaulx ; Pierre Mauclerc, de Corbueil ; Jehan Larchier, près de Nantes ; Jehan Dambourg, de la place Maubert ; Adam Bellay, d'auprès Rouen ; Jehan de la Barne, près Ponthoise ; Guillaume, d'auprès Brie-Comte-Robert ; Anthoine Karendeau, de Montdidier ; Adam Maugrex, de Rouen ; Bernard Clignart, de Paris ; Léonard Maugras, de Blois ; Pierre Bruneau, de Limosin ; Christophe Chatonnet, de Châlons ; Pierre Fermeluys, près Gaillon ; Robin Duhot, de Sainct-Denis, en France ; Pierre Marin, de Clamart ; Jacques Lorrain, de l'évesché de Laon.

« *En la salle neufve, du costé des accouchées :* Ysabeau Alvequin, de Mante ; une Flamande ; Katherine de Fermont, d'auprès Beauvais ; Marguerite la Panière, de Rouen ; Perrette la Roberde, de Paris ; Claude Bref, de Paris ; Anne Du Coq, de Vendosme ; Perrette Ancorde, de Paris ; Jehanne du Croc, de Paris, et y a trois ans qu'elle y est ; André la Vissonne, de Montmartre ; Guillemette Lyonne, d'auprès

Sainct-Pol ; Jehanne Bertret, d'Alençon ;
Thomasse Lombarde, de Rouen (1). »

Au reste, en consultant les registres des
comptes de la maison de Charles VIII, on a
plus d'une fois l'occasion de constater les
tristes résultats de la maladie vénérienne,
qui n'offre pas à cette époque le caractère
honteux qu'on lui prête de nos jours, et à
l'occasion de laquelle les comptables n'hé-
sitent pas à écrire en toutes lettres les noms
des malheureux qui en étaient atteints. Ici,
c'est Jehan Denis, « pauvre malade de la
grosse vérolle », qui, pour s'en faire guérir,
participe aux aumônes du roi, et reçoit par
l'entremise de l'aumônier de Charles VIII,
Geoffroy de Pompadour, archevêque de Sar-
lard, soixante sous tournois (2) ; là c'est
Adam Lemoyne qui pour le même sujet
obtient quarante sous tournois (3). Dans un
autre endroit, on voit Charles VIII accorder
à Michaut Du Boys, quarante sous tournois,
« pour luy ayder à vivre et se faire guérir
de la grosse vérolle (4) ; » à Marc Bernard,

(1) *Arch. de l'assistance publique.*
(2) *Arch. gén.*, K K, 77, fol. 29, r°, année 1497.
(3) *Ibid.*, fol. 30, v°.
(4) *Ibid.*, fol. 32, v°.

pareille somme, « pour luy ayder à payer ses barbiers et chirurgiens qui le guérissent (1). »

Qui ne sait aussi que la syphilis gravit plus d'une fois les marches du trône, et que sans compter Henri III qui la donna à sa femme (2), François Ier en mourut dans d'atroces douleurs (3).

En l'année 1510, le maître des enfants de chœur de l'hôpital Saint-Jacques, était aussi atteint du mal de Naples ; on le renvoyait de l'asile hospitalier, et on le remplaçait par un autre maître, mais non sans lui donner, « pour la pitié » une aumône de 32 sols parisis (4).

---

(1) *Arch. gén.*, K K, 77, fol. 37, v°.

(2) *Anecdotes de l'histoire de France*, pendant les xvie et xviie siècles, tirées de la bouche de M. le garde des sceaux Du Vair et autres, publiées par M. Lalanne, à la suite des *Mémoires de Marguerite de Valois*. Paris, in-12.

(3) Pour la maladie de François Ier, voir : Louis Guyon ; *Diverses leçons*, t. II, liv. 1, p. 109 ; Guy Patin, lettre cxxxii ; Brantôme, *Vie des Dames illustres*, Leyde, 1665, p. 298 ; *Dict.* de Bayle, t. I, 2e partie, p. 1187, note B ; Varillas, *Hist. de France*, I, liv. xii, p. 264 ; Mézeray, *Hist. de France*, in-fol., t. II, p. 1039.

(4) *Arch. de l'assistance publique*, invent. de l'hôpital Saint-Jacques, art. 357.

Du moment que la « grosse vérole » était
réputée contagieuse par l'intermédiaire de
l'air, on dut prendre aussi des règlements
pour que les malheureux qui en étaient
atteints, ne fussent pas admis à l'Hôtel-
Dieu, dans ce grand centre nosocomial, où
à part les affections épidémiques, on recevait
tous les autres groupes de maladies. Il y a
à cet égard un document : c'est un ordre du
Parlement, daté du 21 janvier 1559, par
lequel, « attendu que dès longtemps, les
malades de la grosse vérolle auraient été
mis à l'hôpital Sainct-Eustace pour y être
pensés et médicamentés ; neantmoins, plusieurs desdits malades de la vérolle disoient être malades de fièvres et autres
maladies, alloient audit Hostel Dieu coucher
avec autres malades d'autres maladies, igno-
rans qu'ils feussent malades de ladite vérolle, en manière qu'ils gastoient et infec-
toient les autres, comme hommes, femmes,
et petits enfants... La Cour ordonne que
lesdits malades de la grosse vérolle seront
doresnavant menés et conduits audit hospital Sainct-Eustace pour y estre pencés,
comme il avait esté accoustumé cy devant ;
lesquels malades seront reçus par les dits

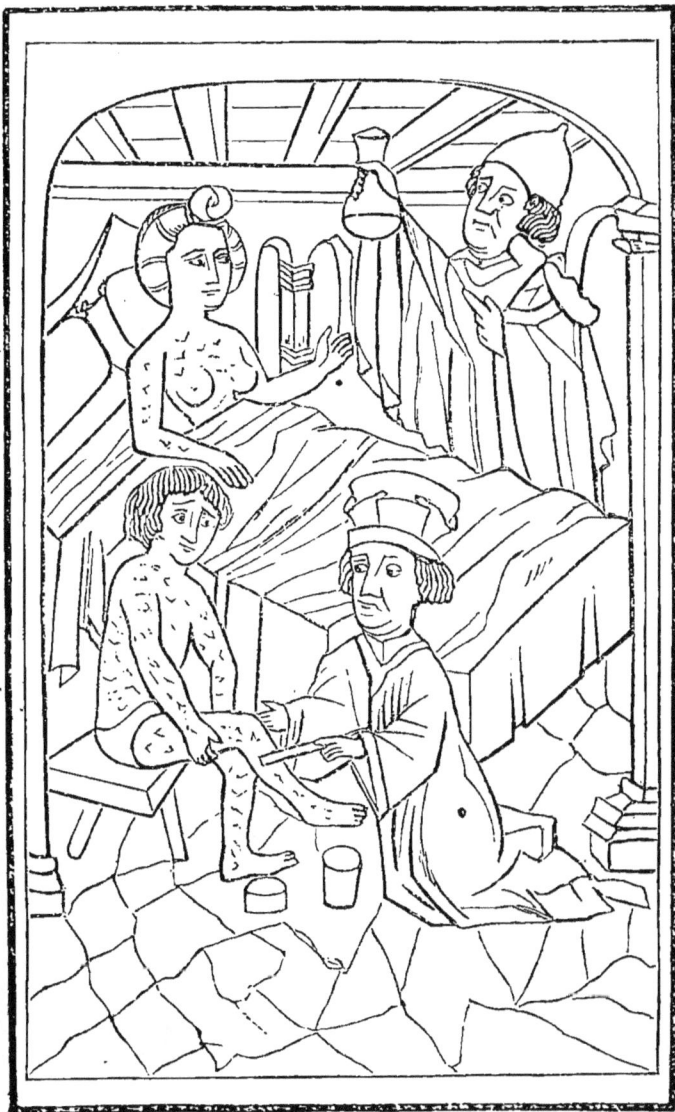

dudit hospital. A quoy faire ils seront tenus et contraincts par toutes voyes deues et raisonnables... (1) »

Comme un des plus curieux monuments de la maladie vénérienne à la fin du xve siècle, nous donnons le fac-simile d'une gravure empruntée au rarissime petit livre de Barthélemy Steber, et qui porte ce titre : *A mala Franczos, morbo gallorum, preservatio ac cura, a Bartholomeo Steber, viennensi artium et medicine doctore, nuper edita.* Vienne, par Jo. W. (J. Winterburg), (s. d.) ; in-4. Caractères gothiques. La scène se passe entre deux époux encore jeunes, atteints de la « grosse vérole », un médecin et un chirurgien. Le médecin est debout près du chevet de la femme : il se reconnaît aisément à la fiole d'urine qu'il tient à la main, et dont il examine curieusement et savamment le contenu, cherchant à y découvrir la cause de la maladie et les indications du traitement. Le chirurgien, lui, est armé d'un rasoir ; il est en train d'enlever quelques-unes des horribles pustules dont le mari a, ainsi que sa femme, le corps couvert.

(1) *Arch. de l'ass. publ.*, inventaire, n° 4217.

Nous bornons là cette étude des épidémies parisiennes. Nous ne pouvons mieux la terminer qu'en empruntant au docteur Ernest Marchand (1) cette excellente conclusion :

« En somme, il n'y a pas lieu pour nous de regretter le passé; nous sommes moins durement frappés que l'ont été nos pères, parce que nous sommes plus avancés en civilisation. Nous avons su arrêter le retour ou atténuer les effets du fléau qu'ils subissaient, résignés et impuissants. Nous avons fermé nos portes à des épidémies qui, de leurs foyers lointains, débordaient à l'improviste sur nos populations épouvantées. Et quant à celles dont nos efforts et nos précautions ne peuvent ni détruire le germe, ni prévenir les invasions, nous nous défendrons indirectement contre elles, en accroissant la prospérité matérielle, en élevant le niveau moral de notre société, et en restreignant ainsi le terrain dévolu à leurs ravages. »

(1) *Étude hist. et nosol. sur quelques épidémies du moyen âge.* Paris, 1873, 8°.

LEs ordonnan

ces faictes et publiees a son de
trompe par les carrefours de ceste
Ville de Paris. Pour euiter le dan
gier de peste.

Auec priuillege.

A court a permis et permect au preuost de paris ou a son lieutenant criminel, de faire publier par les carrefours de ceste ville de paris. Les articles cy apres declairez faiz de lordonnance dicelle par ledict lieutenant criminel pour euiter au danger de peste en cestedicte ville et es faulxbourgs de paris, ensemble les inionctions et aultres articles adiousteez par ladicte court, et iceulx faire imprimer, a ce que aucun nen pretende cause dignorance.

OUR mectre prouision au dangier de peste qui a eu cours en la ville de Paris, et fuyr les lieux et personnes qui en ont este entachez (1). Len commande et enioinct de par le roy nostre sire et monseigneur le preuost de Paris (2). A tous proprietaires et locatifz des maisons estans en ladicte ville de ·Paris.

(1) Nous reproduisons scrupuleusement cette curieuse pièce. Nous avons respecté son étrange orthographe et même les fautes d'impression qu'elle renferme.

(2) Il se nommait Jean de la Barre, chevalier, et avait remplacé, en 1522, Gabriel d'Alègre, baron.

Ës quelles puis deux mois en ca ont este mallades aulcunes personnes de peste ou allez de vie a trespas, et qui apres ce present cry pourront estre mallades. Quilz aient a mectre ou faire mectre es fenestres desdictes maisons ou aultre lieu plus apparent vne Croix de boys. Et au meilleu de la principalle porte, huys, et entree dudict hostel vne aultre croix de boys clouee et fichee contre lesdictes portes et huys. A ce que chascun en puisse auoir congnoissance et soy abstenir y entrer. Les quelles croix. Len deffend oster ou faire oster directement ou indirectement iusques deux mois apres cedict present cry. Sur peine damende arbitraire.

Len enioinct oultre. A toutes personnes qui ont este mallades, et qui cy apres seront mallades desdictes malladies et aussi à tous ceulx de sa maison, et famille ou auront este et seront mallades lesdictes personnes. Quilz aient a porter en leur main en allant et venant par la ville vne verge blanche ou baton blanc. Sur ladicte peine.

ITEM len deffend comme dessus a toutes personnes de quelque estat ou condicion quelles soient de non apporter ou faire apporter en cestedicte ville et faulxbourgs de paris des villes villaiges et autres lieux.

Aussi de ne transporter ne faire transporter dune maison chambre ne autre hostel ou logis ou len se seroit mort de peste en autre hostelz, maison, chambre, garnier, ne autre logis. Aucuns lictz, couuertures loudiers (1) coustepoinctes (2) draps de layne de lange serges custodes (3) coustes (4) simples ne autre biens ou la peste se peult retenir Soient que lesdictz biens leur aapartiennent par succession ou aultrement en quelque maniere que

(1) *Loudiers*, ou plutôt *Lodiers* ; espèce de couverture de lit, faite de coton, de laine, ou de bourre, étendu entre deux lays de satin, de taffetas, de toile, ou d'autre étoffe contrepointée.

(2) *Coustepoinctes*, couvertures de lit faites d'une étoffe quelconque mise en double et rembourrée de coton, laquelle était *pointe* ou cousue.

(3) *Custodes*, rideaux de chambre ou de lit.

(4) *Couste,* lit de plumes.

ce soit mais delaissent lesdictz biens es lieux ou len se seroit mort de peste iusques a ce que le peril en soit hors sur peine de la hart et de confiscacion de corps et de biens.

ITEM len deffend a tous freppiers, priseurs, de biens par inuentoires, cousturiers, rabilleurs dabillemens, colporteurs, colportarresses, reuendeurs, reuenderesses dabillemens, et a toutes autres personnes de quelque estat quelles soient, et aussi a tous sergens du roy nostredict seigneur et de toutes autres terres et seigneuries estans en ladicte ville et faulxbourgs de paris quilz ne vendent ne exposent en vente en cestedicte

ville et faulxbourgs de paris
soubz couleur de vendre biens
par iustice ne autrement aucuns desdictz lictz, couuertures,
loudiers, couste poinctes, serges, custodes, habillemens, rob-
bes, sayons (1), draps, de laine,
ne de lange, et generallement
tous autres biens ou la peste
et mauuais air se peult retenir, sur peine de la hart et
de confiscacion de corps et de
biens.

ITEM len deffend a tous de
non aller aux estuues (2) : et
aux proprietaires et locatifz dicelles estuues Ne les chauffer

(1) *Sayons*, ou *saies*, casaques qui couvraient les
épaules, les bras et la poitrine.
(2) Les bains publics.

iusques apres le iour et feste
de noel prochainement venant
sur peine destre pugnis corporellement.

ITEM len commande et en-
ioinct a tous curez vicaires
marguilliers gouuerneurs des
parroisses et eglises desdictes
ville et faulxbourgs de ne laisser entrer esdictes eglises aucuns maraulx et mendians de
non entrer durant le seruice
esdictes eglises : aussi ne se
tiendront lesdictz maraulx et
mendians pres et ioignant les
portes, mais loing dicelles et
tellement que on puisse libe-
rallement sans dangier hors
alaine et infection de puanteur
entrer esdictes eglises. Et ce

sur peine ausdictz maraulx et mendians destre pugnis corporellement et destre fustiguez.

ITEM pource que la conuersacion des personnes ladres entaches de malladie de lepre et de mesellerie (1) est abhominable et tresperilleuse entre personnes saines, tant pource que icelle malladie de lepre est malladie contagieuse, comme autrement. On deffend a toutes manieres de ladres meseaulx et meselles Qu'ilz ne voisent, viennent, ne conuersent auec personnes saines. Et en especial nentrent, voi-

---

(1) *Mézellerie* était synonyme de *lèpre;* on l'employait encore pour indiquer un hôpital destiné aux *mézeaux* ou *mézelles,* c'est-à-dire aux *lépreux* et aux *lépreuses.*

sent, viennent, ne conuersent
En la ville de paris : ains se
retirent en leurs maladeries.
Sur peine destre mis en prison vng mois au pain et a
leaue, de perdre et forfaire
leurs cheuaulx, housses, cli-
quettes, et barilz, et de autrement estre pugnis en corps.
Touteffois il est loisible ausdictz
mallades de lepre eulx faire
quester en ladicte ville et
faulxbougs par gens et personnes saines. En ayant surce
congie de iustice pour obuier
aux abbuz qui se y sont commis et peuuent commettre.

ITEM len inhibe et deffend
a tous meseaulx et meselles
qui sont estrangers et qui ne

sont de la preuoste et viconte
de paris de eulx tenir es mal-
laderies desdíctes ville et preuoste : ains eulx retirer es mal-
laderies, parroisses, et dioceses,
dont ilz sont incontinant apres
ce present cry faict sur peine
destre batus par les carreffours
de ladicte ville de paris.

ITEM len deffend a tous cirurgiens et barbiers quilz ne
soient si osez ne si hardyz de
porter et gecter ou faire porter et getter les sangs des
personnes mallades de quelque
malladie que ce soit, par eulx
ou aucuns deulx saignees En
la riuiere de seyne ne alleurs
a paris mais les portent ou
enuoyent au dehors de la ville

de paris scauoir est en la riuiere de seine. Au dessoubz de
lescorcherie aux cheuaulx, Sur
peine de prison et damende
arbitraire.

ITEM et si est inhibe et deffendu. A tous cirurgiens et barbiers, qui auront faict les sei-
gnees de malladie de peste de
non eulx entremettre de leur
art pratique, ou mestier, Sur
les corps des gens et personnes
saines iusques a ce que par
iustice eu esgard au temps
quilz auront faict lesdictez sai-
gnies leur soit permis faire
Sur peine de la hart.

ITEM aussi est enioinct a
tous mareschaulx de faire les
saignees des cheuaulx que sai-

gneront en vng vaisseau. Et le
sang seront tenus lesdictz mareschaulx porter aux voiries
hors la vile et faulxbourgs. Et
de [ne] (1) vser de charbon de
pierre ou de terre. Sur peine
de prison et damende arbitraire (2).

(1) Cette particule *ne* est en marge de l'original et
écrite à la main. Elle avait été oubliée par le com-
positeur typographe.

(2) Si nos aïeux revenaient sur cette terre et qu'ils
vissent la consommation prodigieuse que nous fai-
sons de charbon de terre, soit dans nos maisons,
soit dans nos usines, ils seraient eux-mêmes bien
étonnés au souvenir des préoccupations qu'éveillait
dans leur esprit le prétendu danger pour la santé de
l'usage du précieux combustible. Ils se rappelleraient
que dès l'année 1520, le 4 juillet, le Parlement et le
prévôt de Paris avaient fait appel aux médecins et
leur avaient demandé si l'on pouvait permettre, à
cause de la mauvaise odeur, l'usage du charbon de
terre *(terra anglica)* aux forgerons. La Faculté de
médecine répondit « que pourvu que par certains
moyens la fumée soit bien dirigée et éliminée, il ne
peut résulter aucun inconvénient. » (Registres-commentaires de la Faculté de médecine de Paris, t. IV,
fol. 89, v°.)

ITEM len commande et en-
ioinct tresexpressement, a toutes personnes quelconques de
quelque estat quilz soient. Que
doresnauant et pour laduenir.
Ilz facent pauer, refaire le paue
corrumpu et enfondre, tiennent
ledict paue en bon estat et les
rues nectes. chascun en droict
soy gectent eaue en tout temps
soir et matin deuant leurs
huys sur ledict paue. Mesmement dedans le ruysseau. Et
facent tellement: Que les ruis-
seaulx et esgoutz ne soient arrestez ou empesches a lendroit
de leurs maisons que immundices ne se y puissent arrester.
Et que pour quelzconques pluye
ou aultre chose descendant des

cieulx, nul soit si hardy de curer, baloyer, ou nettoyer deuant son huys, iusques a ce
que la pluye soit passee, et es-
goutee. Mais laisser leaue
auoir son cours sicomme elle
le peult auoir de raison. Et
leaue passee quiconques voul-
dra baloier ou nettoier deuant
son huys faire le debura, et
pourra. Par ainsi que tantost
ladicte cureure et nectoieure
sera ostee et portee au lieu acoustume. Sans ce que soit en
temps de pluye ou aultrement
Les voisins puissent aualler les
vngs sur les aultres. Et ne seront gectees des maisons par
les fenestres ordures, charrees,
infections ne eaues quelles que

soient. Et ne soient retenues longuement esdictes maisons vrines, eaulx croppies, corrumpues, ou aultres infections, ains incontinant et le plus tost seront portees au ruisseau. Et apres gecte un seau deaue necte.

ITEM est enioinct tresexpressement doresnauant et pour ladvenir, a toutes personnes quelzconques et de quelque estat quelles soient de ne wider et mectre en plain de rue aucuns feurres, fiens, charrees, boues, ne autres immundices, ne iceulx bourter ou faire boutter es rues, mais ce pendant iceulx fiens et immundices serrer et mectre en contre le long de

9

leurs maisons dedans panniers
et mannequins. Et aux tailleurs
de pierres macons couureurs,
et tous aultres : de non wider
ou faire wider desdictes maisons grauois ou aultre chose,
dont infection ou empesche-
ment se peult ensuyuir si
promptement : ilz nont tumbereaulx, charrectes, voictures, ou
hotteurs prestz. Pour incontinant charger lesdictes widan-
ges, grauois, fiens, charrees, et
immundices. Et iceulx porter
ou faire porter aux champs et
lieux a ce ordonnez selon et a
mesure ce quilz seront ostez et
mis hors de lhostel dont ilz seront yssuz. Et ce sur peine de
prison et destre rigoureusement

pugnis : a la volunte de iustice.
Et du faict du present article,
aussi du prochain precedant.
Les maistres et maistresses res-
pondront pour leurs varletz, seruiteurs, et chamberieres. Oultre
la pugnition qui se en pourra
neantmoins faire diceulx varletz,
seruiteurs et chamberieres.

ITEM aussi len commande
aux commis par iustice sur le
faict des boues, et aultres gens
qui en ont eu la charge. Que
toutes exusacions cessans : ilz se
appliquent et facent curer et
nettoyer lesdictes rues et facent
mener lesdictes boues et immondices es lieux a ce ordonnez. Sur peine de prison et
damende arbitraire. Et est en-

ioinct aux tumbelliers. Que incontinant apres ilz soient en
toute diligence prestz, eulx, et
leurs tumbereaulx soient cloz
et serrez. En sorte quil nen
puisse sortir aucune chose. Et
que la piece qui estoupe le cul
du tombereau soit aussi haulte
ou plus que le deuant dudict
tombereau. Sur peine aus-
dictz tumbelliers chartiers et
meneurs de grauois destre mis
en prison et de confiscation
de leursdictz cheuaulx, et tumbereaulx, et damende arbitraire.
Et enioinct len, et permect a
tous sergens, et bourgois de
Paris : Que ou ilz verront et
trouueront desdictz tumbereaulx
qui ne soient cloz comme dessus :

diceulx prendre ou faire prendre et mener oudict chastellet. Pour en estre ordonne, ainsi que iustice verra estre a faire par raison.

ITEM est aussi prohibe et deffendu pour laduenir, a tous bouchiers, charcutiers, rotisseurs, boullengiers, regratiers (1), reuendeurs de vollailles, et poullailles, tauerniers, laboureurs, mesnagiers, gens de mestiers, et a toutes aultres personnes de quelque estat ou condicion quilz soient. Quilz ne tiennent ne facent tenir, ne nourrir en quelque lieu que ce soit en cestedicte ville et faulxbourgs

(1) *Regratiers*. C'étaient nos fripiers d'aujourd'hui; ils paraient et fardaient les vieilles marchandises pour les vendre plus cher.

de Paris. Aucuns pourceaulx, truyes, cochons, oisons, pigeons ne congnins. Soit pour vendre, pour leur viure, entretenement de leur maison, mesnaige, ne pour quelque cause, occasion, ou couleur que ce soit. Et enioinct len a tous les dessusdictz quil tiennent et nourrissent es lieux dessusdictz lesdictz pourceaulx, cochons, oisons, congnins, et pigeons, que dedans huy toutes excusacions cessans maynent et portent ou facent mener, enuoyer, et porter lesditctz pourceaulx, truyes, cochons, oisons, pigeons, et congnins (1) nourrir ailleurs es

(1) *Congnins*, ou *Connins*. Lapins, du mot latin *Cuniculus*, souterrain.

champs hors lesdictes ville et faulxbourgs de Paris. Sur peine de confiscacion desdictz pourceaulx, truyes, cochons, oisons, congnins et pigeons, de prison, et destre tresgriefuement pugnis, a la volunte de iustice. Et si est enioinct a tous de le reueler et annuncer a iustice, le plus diligemment que faire se pourra. Sur peine de prison, et damende arbitraire.

ITEM et est enioinct tresestroictement pour laduenir a tous proprietaires de maisons hostelz et demeures, ou ny a aucunes fossez a retraictz, que incontinent sans delay et a toute diligence ilz en facent faire sur peine damende arbi-

traire. Et neantmoins les louaiges desdictes maisons seront
arrestez, saisiz, prins par iustice, et employez a y faire
lesdictes fosses et retraictz. Et
si est inhibe et deffendu a
tous qui ont acoustume de
curer lesdictz retraictz de non
les curer et nettoier doresnauant sans le congie de nous
ou nosdictz lieutenants, sur
peine de prison et damende
arbitraire.

ITEM est deffendu par ma-
niere de prouision et iusques
a ce que par iustice autrement en soit ordonne a tous
les manans et habitans de
cestedicte ville de paris de
quelque estat, condicion, ou

mestier, quilz soient, que doresnauant ilz ne ayent a mettre
aux fenestres et en droit de
leurs hostelz respondant sur
rues aucuns draps tendus sur
perche Et ce sur peine de dix
liures parisis damende.

ITEM est ordonne et enioinct
aux examinateurs commissaires
oudict chastelet de faire garder
ces presentes et aux quartiniers, dixiniers, et cinquantiniers (1), de leur bailler con-

(1) Avant Philippe-Auguste, Paris était divisé en
quatre parties, qu'on nomma, à cause de leur nombre, *quartiers*. Les magistrats chargés de la police
dans ces quartiers en tirèrent le nom de *quarteniers*.
Ces derniers commandaient le guet de leur quartier; ils veillaient à ce que les rues fussent garnies
de chaînes; ils prêtaient secours à ceux que mena-
çait un incendie, et étaient dépositaires des seaux,
crocs et outils, etc., pour arrêter les ravages du feu.
Les *cinquanteniers* étaient chargés de transmettre

fort et ayde et reueler les
transgressions et faultes en ce
qui viendra a leur congnoissance Et est permis incontinant emprisonner ou faire emprisonner ceulx qui sont a
contraindre par emprisonne-
ment de leurs personnes et
qui contremendront es articles cy dessus Pour iustice en
estre par nous faicte ausquelz
commissaires, quartiniers dixiniers, cinquantiniers, et tous
aultres : a ce soient plus son-
gneurs de Reueler et denoncer
les faultes et faire les captions
et emprisonnemens en ce qui

aux bourgeois les ordres des quarteniers; il y en
avait deux sous chaque quartenier. Enfin, les *diʒai-
niers* étaient subordonnés aux quarteniers et cinquanteniers.

leur est permis et chsacun (*sic*) en leur esgard Sera baillé Le tiers des amendes qui seront par nous adiugees.

Faict soubz le signet de mondict seigneur le preuost. le samedi. XXVI. iour. Daoust Lan Mil cinq cens. XXXI. Ainsi signe. J. morin.

A. LORMIER.

Le contenu au blanc a este crye : leu : et publie : a son de trompe et cry publicq par les carreffours de la ville de Paris : lieux : et places acoustumez a faire cryz et publications. Et a la croyx du trayouer (1) : rue sainct Denis : place

---

(1) *Croix du trayouer,* ou plutôt du *Tiroir* ou du *Trahoir.* On donnait ce nom à la partie de la rue du *Faubourg Saint-Honoré* qui s'étendait de l'Oratoire à la rue de la Ferronnerie, à cause d'une croix placée au milieu de la rue de l'Arbre-Sec, à l'éva-

maubert : mont de Paris (1) *: deuant les Jacopins : et au carrefourç sainct Andry. Par moy Nicole le norissier sergent a verge et crieur iure de laudience des greffes du roy nostre sire ou chastellet et bailliage de Paris : et des cryʒ publicques : en la ville banlieue : preuoste : et viconte dudict Paris. Appelleʒ auec moy Michel gaultier trompete dudict sieur : Jacques massue et Bertrand braconnier trompettes le samedy. XXVI. iour Daoust Lan Mil cinq centʒ trente et ung. Ainsi signe. Nicole le norissier.*

Il est permis a guillaume bossoʒel (2) *de imprimer ceste presente ordonance : et est deffendu a tous aultres de ne imprimer ou faire imprimer ladicte ordon-*

sement que forme cette voie en se perdant dans la rue Saint-Honoré, à peu près en face de la fontaine actuelle de l'Arbre-Sec.

(1) *Mont de Paris.* C'est, sans doute, la *Montagne Sainte-Geneviève.*

(2) Guillaume de Bossozel, libraire-imprimeur, est mentionnée, à l'année 1529, par Lottin dans son *Dictionnaire chronologique des Libraires et des Libraires-Imprimeurs de Paris.* Paris, 1789.

nance iusques a trois mois passez a comp-
ter du iour et date de ceste. Sur peine de
prison et damende arbitraire. ainsi quil
est declaire en loriginal.

Imprime a la grande rue sainct Jacques
a lenseigne du chasteau rouge pres les
Mathurins.

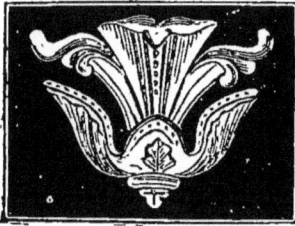

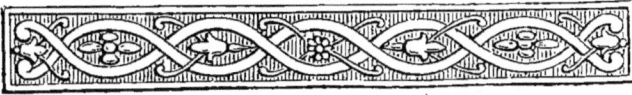

TABLE

ACHEVÉ D'IMPRIMER

Sur les presses de HEUTTE et Cᵒ,

Typographes

A SAINT-GERMAIN EN LAYE

Le 12 décembre 1873.

Pour LÉON WILLEM, Libraire

A PARIS.

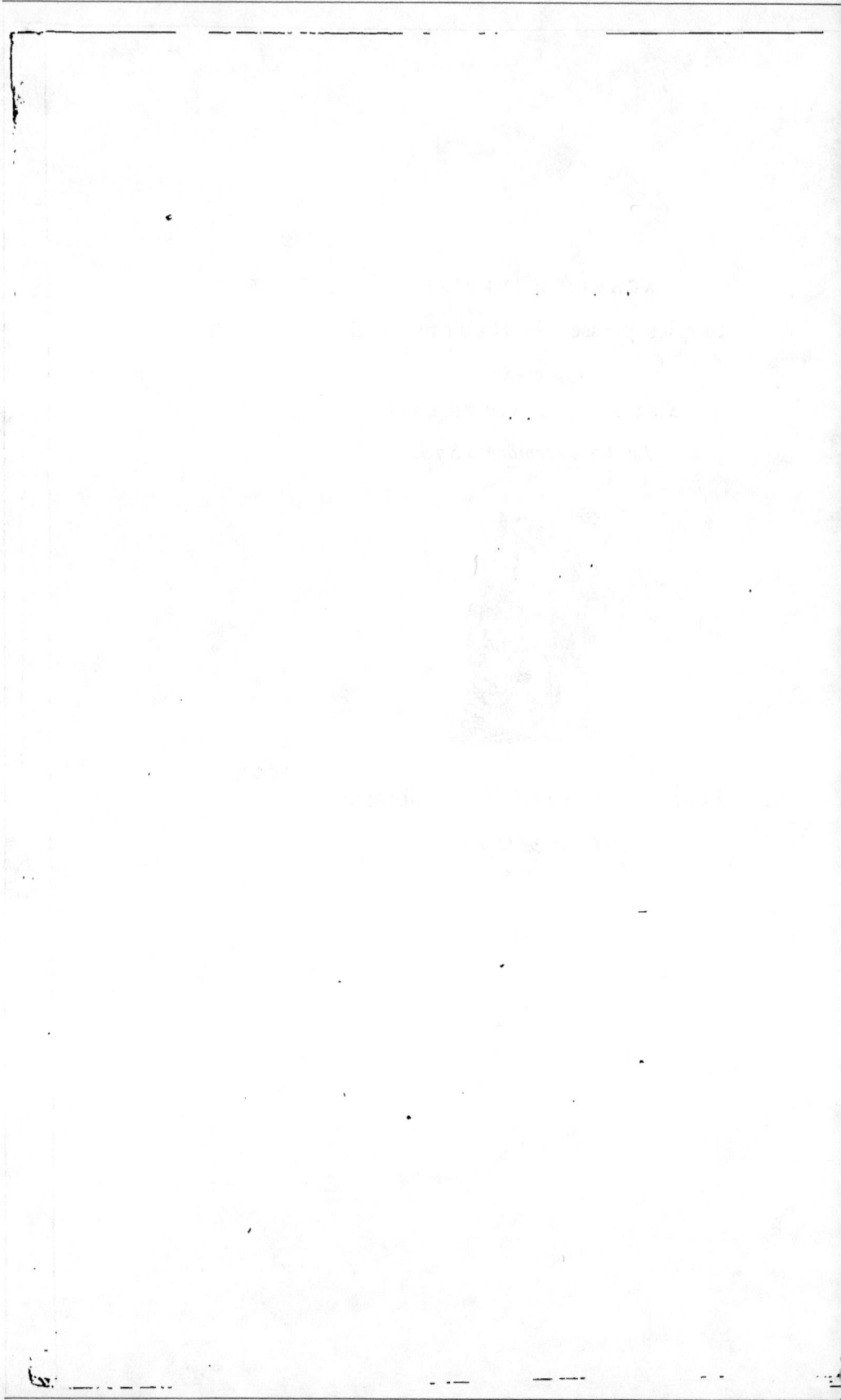

Collection de documents rares ou inédits

relatifs a l'

HISTOIRE DE PARIS

Environ 25 volumes petit in-8 Tellière

EN VENTE :

ESTAT

Noms et Nombre

de toutes les

RUES de PARIS

en 1636

d'après le manuscrit inédit de la Bibliothèque nationale

précédés d'une étude

SUR LA VOIRIE ET L'HYGIÈNE PUBLIQUE

A PARIS

depuis le XIIe siècle

Par Alfred FRANKLIN

de la Bibliothèque Mazarine

Tiré à 350 exemplaires, tous numérotés.

325 sur papier vergé des Vosges. Prix.   4 fr.

22   —   Chine véritable.   8 fr.

3 sur parchemin.   50 fr.

Sous presse pour paraître prochainement :

Les Charniers et la Danse macabre au cimetière des Innocents de Paris, publiés par M. l'abbé Valentin Dufour. 1 vol.
illustré de la reproduction fac-simile de la Danse macabre.

La Fleur des antiquitez de Paris, par Gilles Corrozet,
publiée par M. Paul Lacroix, conservateur à la Bibliothèque
de l'Arsenal.

La Comédie-Française et les droits d'auteurs à Paris aux
XVIIe et XVIIIe siècles, d'après des documents inédits extraits
des archives du Théatre-Français, par M. Jules Bonnassies.

Imp. E. Heutte et Cie, à St-Germain.

www.ingramcontent.com/pod-product-compliance
Lightning Source LLC
Chambersburg PA
CBHW050024100426
42739CB00011B/2774